Wilhelm von Bode

Die Kunstsammlungen ihrer Majestät der Kaiserin und Königin

Friedrich

in Schloss Friedrichshof

Wilhelm von Bode

Die Kunstsammlungen ihrer Majestät der Kaiserin und Königin Friedrich
in Schloss Friedrichshof

ISBN/EAN: 9783742870483

Hergestellt in Europa, USA, Kanada, Australien, Japan

Cover: Foto ©Thomas Meinert / pixelio.de

Manufactured and distributed by brebook publishing software
(www.brebook.com)

Wilhelm von Bode

Die Kunstsammlungen ihrer Majestät der Kaiserin und Königin

Friedrich

DIE KUNSTSAMMLUNGEN

IHRER MAJESTÄT

DER KAISERIN UND KÖNIGIN FRIEDRICH

IN SCHLOSS FRIEDRICHSHOF

BERLIN

REICHSDRUCKEREI

1896

Dafs das Sammeln von Kunſtwerken keineswegs erſt ein Bedürfnifs unferer Zeit iſt, dafs es ſchon im Alterthum leidenſchaftliche Sammler gab, dafs bei den Chineſen, bei den Aegyptern wie bei den Griechen und Römern zu gewiſſen Zeiten Kunſtfammlungen in fyſtematifcher Weife felbſt von Staatswegen angelegt wurden, dafs auch das Mittelalter feine Sammler hatte, und dafs das Sammeln der Kunſtwerke feit der Renaiſſance ein Zeichen und Mafsſtab der Cultur geworden iſt: das ſind Thatſachen, die uns mit den Anfangsgründen der Kunſtgefchichte bekannt gemacht werden. Weniger bekannt und fchwieriger zu beantworten iſt die Frage,

was und in welcher Weife zu den verfchiedenen Zeiten gefammelt worden
ift; ein eingehendes Studium nach diefer Richtung würde für die Cultur-
gefchichte wie für die Kunftgefchichte manche neue Gefichtspunkte zu Tage
fördern. Hier wo wir die ehrenvolle Aufgabe zu erfüllen haben, die künftlerifche Ausftattung eines modernen fürftlichen Haufes, das aus künftlerifchem Bedürfnifs entftanden ift, zu fkizziren und über die Sammlungen
desfelben eine Ueberficht zu geben, mag es mir geftattet fein, vorweg kurz
darauf hinzuweifen, wie unfer jetziges Kunftfammeln fich zu dem der Ver-
gangenheit verhält, wie viel davon alte Tradition und was unferer Zeit
ganz eigen darin ift.

Das Sammeln von Kunftwerken beginnt in der neueren Zeit — vom
Alterthum braucht hier mit Rückficht auf eine faft ausfchliefslich der nach-
antiken Zeit gewidmete Sammlung nicht die Rede zu fein — mit dem
Eintritt der Renaiffance, der »Wiedergeburt des Alterthums«. Mit dem erften
Verftändnifs für die Antike begann auch die Luft am Sammeln der Ueberrefte
der antiken Kunft. Schon in der »Protorenaiffance« zeigen fich die Anfänge
dazu: hatten doch Dante und Petrarca den Grund gelegt: feit dem Quattrocento, der eigentlichen Renaiffance in Italien, wurde das Sammeln von
römifchen Bildwerken, Münzen und Pretiofen, namentlich von Cameen,
der Wetteifer der gebildeten Fürften und der Reichen Italiens. Die Antiken-
fammlungen von Florenz, Venedig und Rom gehen in ihren Anfängen auf
begeifterte Kunftfreunde wie Cofimo und Lorenzo de' Medici, Papft Paul II.
und Sixtus IV., Markgraf Ludovico III. von Mantua und feine Söhne zurück.
Daneben füllten fich die Schätze derfelben Fürften und mancher anderer
mit dem Gold- und Silberfchmuck, den Prachtgewändern, Gobelins und
zahlreichen Ausftattungsgegenftänden der gleichzeitigen Kunft; die erhaltenen
Bruchftücke von Verzeichniffen der Schatzkammern der Mediceer, der
Efte u. A. beweifen, welche Reichthümer hier fchon im Laufe des XV. Jahrhunderts aufgehäuft waren. Aehnliches fehen wir bei den gröfseren Kirchen,
in denen fchon feit dem frühen Mittelalter und namentlich durch die
Kreuzzüge Kunftwerke der verfchiedenften Zeiten aus religiöfem Sinn und
mit Rückficht auf ihren Werth als Pretiofen aufbewahrt wurden: in Kirchen
wie in St. Peter zu Rom, im Dom zu Siena, in San Marco zu Venedig und
zahlreichen anderen entftanden während des XIV. und XV. Jahrhunderts
die umfangreichften, werthvollften Schatzkammern. Diefe Schätze waren
in ihren feften Schränken dem Publicum keineswegs ganz unzugänglich:
an Feften, kleineren und gröfseren, wurden fie theilweife oder ganz zur
Schau geftellt: in den Paläften den Trabanten des Haufes und den geladenen

Gäften, in den Kirchen der andächtigen Menge. Auf den Truhenbildern und ähnlichen Decorationsftücken des XV. Jahrhunderts fehen wir bei den Darftellungen von Hochzeiten und anderen Feften die Tafeln mit Auffätzen gefchmückt und grofse Buffets voll befetzt mit Gold- und Silbergefäfsen. In den Kirchen wurden die reichen Altarvorfätze und auf den Altären die Prachtgefäfse und Reliquienbehälter zur Schau geftellt, die Gewänder, Hoftienbehälter. Gobelins wurden bei der Meffe gebraucht und die Schränke der Schatzkammern der Menge gezeigt. Alle anderen Kunftwerke waren für einen beftimmten Platz gefchaffen und dienten als folche zur Möblirung oder zum Schmuck der Zimmer und Kirchen, zur Ausftattung der Höfe und Plätze. Wie die Behaufung der begüterten Italiener, wie das Innere der reichen Kirchen mit Bildern, Statuen, mit kleineren Kunftwerken und künftlerifchem Mobiliar, im Sinne unferer Zeit zwar einfach, ja faft dürftig, aber doch ftilvoll und prächtig ausgeftattet waren, davon geben uns die Fresken eines Ghirlandajo, die Decorationsbilder eines Carpaccio, Bellini u. A. eine vollendete Vorftellung.

Mit dem Anfang des Cinquecento beginnt die Art des Sammelns und der Auffteilung der Kunftwerke allmählich nach verfchiedenen Richtungen hin eine andere zu werden. Die Fülle der plaftifchen Bildwerke römifcher und ausnahmsweife befonders in Venedig; auch griechifcher Herkunft führte die Päpfte, führte die Mediceer, die Fürften von Mantua und andere grofse Sammler allmählich zur Auffteilung derfelben in den Hallen der Paläfte, in Galerien und befonderen Räumen. Auch der Vorrath an Bildern, die urfprünglich als Decoration beftimmter Zimmer gemalt waren, wuchs in den Häufern kunftfinniger Fürften mehr und mehr an; mit dem Vorfchreiten und der Erweiterung der Kunft begann das Sammeln älterer Gemälde, namentlich auch der niederländifchen Meifter, der Bilder der van Eycks, des Roger, Memling u. A., die fich in Italien eines befonderen Rufes erfreuten. So kam es, dafs auch die Bilder hier oder da fchon galerieartig, meift mit antiken Statuen und Büften zufammen zur Auffteilung kamen.

In diefe Sammlungen mufsten allmählich auch die kleinen Bildwerke eingereiht werden, wo fie — wie namentlich in Venedig die kleinen Bronzen — zu den gefuchteften und häufigften Kunftwerken geworden waren. Seit der zweiten Hälfte des XV. Jahrhunderts fuchten nämlich die Reichften und Vornehmften Italiens, die damals auch unter die Gebildetften der Nation zählten, ihre Wohnräume, namentlich ihren Arbeitstifch mit künftlerifchen Gebrauchsgegenftänden auszufchmücken: die Tintefäffer, Leuchter,

1*

3

Lämpchen, Vafen. Räuchergefäfse, die kleinen Behälter für Wachs. Siegel. Federn u. f. f. wurden für die Reichften von den beften Bildhauern und Goldfchmieden in koftbarem Material, für die Menge der Gebildeten in Bronzewiederholungen nach diefen Originalen gearbeitet. Auch einem anderen Bedürfniffe derfelben fuchten diefe Bronzegiefser, je gefchickter fie im Gufs und Cifeliren wurden, nachzukommen: fie bildeten die berühmteften Statuen der Antike in kleinen Bronzegüffen nach, und dadurch geübt, begannen fie, im Wetteifer mit der Antike, kleine Bronzen eigener Erfindung, Statuen wie Reliefs, zu formen und zu giefsen, theils zum Schmuck von Gebrauchsgegenständen, theils als felbftändige Kunftwerke zur Aufftellung auf dem Arbeitstifch des Mannes, auf dem Toilettentifch der Dame oder fonft als Schmuck des Zimmers. Solche und ähnliche kleine Kunftwerke, die fich mit den Jahrzehnten in manchen Häufern fehr angehäuft hatten, kamen, da fie durch modernere oder prächtigere erfetzt wurden, zu dem Beftande der Schatzkammern und Galerien hinzu und vermehrten die malerifche Wirkung derfelben.

Unter die erften und bedeutendften Sammler in diefem Sinne zählen die Päpfte Leo X. und Julius II., die gleichzeitigen Herrfcher in Mantua, Urbino, Ferrara, Mailand und, nach der Rückkehr der Mediceer, vor Allem auch in Florenz. Unter ihnen finden wir auch zwei hochgebildete Fürftenfrauen: die Herzogin Ifabella Gonzaga aus dem kunftfinnigen Haufe der Efte, und die Herzogin von Urbino Elifabetta Gonzaga, beide unter den Kunftwerken des Palaftes in Mantua ausgebildet. Nach der verhängnifsvollen Schlacht von Pavia, der Erftürmung von Florenz und dem Sacco di Roma wurde die Pflege der Sammlungen in Italien auf längere Zeit empfindlich gefchädigt; doch waren gerade diefe für Italiens Selbftändigkeit und Gröfse bejammernswerthen Ereigniffe die Veranlaffung, dafs die Fürften der aufseritalienifchen Reiche, welche fich in die Verhältniffe Italiens mifchten und hier eigene Reiche zu gründen fuchten, Verftändnifs für die Kunft bekamen und zum Theil zu leidenfchaftlichen Sammlern wurden. Wie Franz I. Leonardo nach Frankreich zog und feine Sammlungen der Grund zu den Weltfammlungen des Louvre geworden find, fo fuchte Heinrich VIII. von England hervorragende Künftler um fich zu verfammeln; Carl V. knüpfte directe Beziehungen zu den italienifchen Künftlern Italiens, namentlich Venedigs; und in der zweiten Hälfte des XVI. Jahrhunderts fehen wir in feinem Sohn Philipp und Kaifer Rudolf II. leidenfchaftliche Sammler entftehen, denen ihre Kunftwerke die genufsreichfte Erholung von den Staatsgefchäften waren.

Die Ausstattung der Schlösser in museumsartiger Weise, namentlich bestimmter Lieblingssitze dieser und anderer Fürsten und Vornehmen, war durch die Zahl der Kunstwerke der verschiedensten Art und zum Theil von grosem Umfange unumgänglich; sie wird uns durch die Beschreibung der Inventare einer Reihe solcher Schlösser bezeugt und näher illustrirt. Sammlungen und Museen in unserem modernen Sinne, die ausschliefslich zur Aufstellung der Kunstwerke bestimmt waren, treten aber erst im XVII. Jahrhundert auf; zunächst vornehmlich im Norden. Ein niederländischer Künstler, der grosse Meister der vlämischen Malerschule Peter Paul Rubens, war für die Vergröfserung verschiedener der bedeutendsten europäischen Sammlungen nicht nur durch seine eigenen Schöpfungen, sondern als Förderer des künstlerischen Sinnes und als Vermittler bei Ankäufen hervorragend thätig, namentlich für Carl I. von England und Philipp IV. von Spanien. Zugleich war er selbst ein eifriger Sammler und einer der Ersten, die (in seinem Kunstpavillon) eigene Räume für Sammlungen erbauten, dieselben mit besonderem Licht versahen und zu monumentaler Wirkung zu bringen suchten. In Paris gab er, durch die Aufstellung der Luxembourg-Galerie, in London und in Madrid durch seinen Rath und durch die Aufstellung seiner eigenen grosen Decorationsbilder die Anregung zu einer grofs gehaltenen, monumentalen Aufstellung der Kunstwerke in modernem Museumsstile. Das grofsartigste Beispiel im Sammeln gab damals England; eifrigere und glücklichere Sammler wie Lord Arundel, wie der Herzog von Buckingham und der künstlerisch aufserordentlich begabte Carl I. selbst hat es kaum gegeben; die von ihnen aufgespeicherten Schätze, welche durch die Revolution in alle Welt zerstreut wurden, bilden heute noch den Kern der englischen Sammlungen; aus ihnen bereicherten sich zugleich jüngere Sammler, wie vor Allem Philipp IV. von Spanien und der Erzherzog Leopold von Oesterreich, die schon früher aus dem künstlerischen Nachlafs von Rubens das Beste ausgewählt hatten. Damals begannen auch Frankreichs Herrscher und grosse Staatsmänner, zuerst wieder seit Franz I., für Kunst sich zu erwärmen und am Sammeln sich zu betheiligen; Ludwig XIII., Richelieu, der deutsche Bankier Jabach in Paris, dessen grofse Sammlungen Mazarin für den Staat erwarb, schliefslich Ludwig XIV. selbst haben nicht nur eine nationale Kunst und ein grofsartiges nationales Handwerk geschaffen, sondern die Schätze des Louvre wesentlich bereichert. Der Louvre in Paris, Hampton Court und Whitehall in England, der Vatican, die Uffizien in Florenz, die Sammlungen in Prag und in Schlofs Ambras, das Museo del Prado in Madrid sind auf diese Weise wesentlich im Laufe des

XVII. Jahrhunderts durch Vereinigung der Kunſtſchätze der gröſsten Fürſtenfamilien entſtanden und erhielten, namentlich aus Italien, unter der Ungunſt der dortigen politiſchen Verhältniſſe fortwährend Bereicherungen.

In demſelben groſsen Stile, wie hundert Jahre vor ihnen Carl I. und ſeine Granden, ſammelten in der erſten Hälfte des vorigen Jahrhunderts noch der Herzog von Marlborough, der Duke of Devonſhire, Sir Robert Walpole und andere engliſche Groſsgrundbeſitzer. Mit ihnen traten die Sammler in Frankreich erſt gegen die Mitte des Jahrhunderts in Concurrenz; aber keine dieſer, oft mit groſsem Geſchmack und bedeutenden Koſten angelegten Sammlungen blieb lange in derſelben Familie. Verſteigerungen wie die von Julienne, Duc de Choiſeul, Blondel de Gagny, Prince de Conti, Randon de Boiſſet, Poullain, Praslin u. A. geben Zeugniſs davon. Ihre reichen Schätze, namentlich von niederländiſchen Meiſtern, kamen zum Theil in engliſchen Privatbeſitz, zum gröſseren Theil wurden ſie für den Louvre oder von kunſtſinnigen Fürſten aufgekauft. Zu den eifrigſten Käufern zählten Auguſt der Starke von Sachſen, die Heſſiſchen Kurfürſten, die Kaiſerin Catharina und Friedrich der Groſse, der die Kunſtwerke in erſter Linie zum Schmuck ſeiner Schloſsbauten verwendete und daneben in Sansſouci eine beſondere Galerie ſchuf. Die groſsen öffentlichen Galerien und Antikenſammlungen Europas, wenige ausgenommen, waren Ende vorigen Jahrhunderts ſchon ihrem Hauptbeſtandtheil nach vorhanden.

Neben dieſem Sammeln im groſsen Stile hatte ſich ſeit dem XVII. Jahrhundert, namentlich in weiteren Schichten des wohlhabenden Bürgerthums, ein Sammeln im Kleinen und für kleine Räume entwickelt. Daraus entſtanden die ſogenannten Kunſt- und Raritätencabinette, in denen neben Bildern und Büſten oder Abgüſſen danach Kupferſtiche und Zeichnungen ſowie allerlei Werke der Kleinkunſt, Holz- und Elfenbeinſchnitzereien, Schmuckſachen, abſonderliche Perlen und Curioſitäten in Steinen nebſt allerlei Schnurrpfeifereien: Wurzel- und Fratzenformen, phantaſtiſche Fiſchſkelette, Muſcheln, groſse bunte Schmetterlinge und dergl. ihren Platz ſanden. Solche Kunſtcabinette ſind uns in einer Reihe von Gemälden der niederländiſchen Schule, von Jan Breughel, F. Franken und D. Teniers und auch durch einige ſpätere deutſche Maler im Bilde erhalten. Je mehr darin die »Raritäten« Ueberhand nahmen, deſto ungünſtiger war die Wirkung der Räume, in denen die Sachen, meiſt eng geſtopft, aufgeſtellt waren, und deſto mehr trat die Rückſicht auf den künſtleriſchen Werth zurück. Einzelne fürſtliche Kunſtcabinette und Kupferſtichſammlungen, voran die des Oeſterreichiſchen

6

Kaiferhaufes, die von Caffel, Braunfchweig, Gotha, Dresden u. a., deren Schätze auf die Anfchaffungen der früheren Jahrhunderte zurückgingen, fchloffen fich würdig jenen Kunftmufeen an; aber was, zumal bei uns in Deutfchland, unter den ärmlichen und armfeligen Verhältniffen, die fich aus den Verheerungen des dreifsigjährigen Krieges herausbildeten, gefammelt wurde, hatte nur ausnahmsweife einen wirklich künftlerifchen Charakter. Die meiften diefer Cabinette, namentlich folche in Privathänden, waren mehr oder weniger Rumpelkammern, wenn fich auch gelegentlich das eine oder andere gute oder felbft ausgezeichnete Stück darunter verirrte.

Die franzöfifche Revolution und ihr Abfchlufs im Kaiferreich brachten eine grofse Umwälzung auch im Kunftbefitz und in den Sammlungen mit fich. Die Revolution hatte in Frankreich allen grofsen Privatfammlungen ein Ende gemacht, und ihre Wirkungen dehnten fich auch auf die Galerien aufserhalb Frankreichs, namentlich auf die niederländifchen und italienifchen aus; diefe wie jene gingen zumeift nach England, wo allein die Mittel auch für die Kunft noch vorhanden waren. Während die Kirchen und Schlöffer beraubt und ihr bildnerifcher Schmuck zertrümmert oder verbrannt wurde, entgingen zum Glück die öffentlichen Sammlungen Frankreichs zumeift der Plünderung. Nachdem die Sturmfluth fich gelegt hatte, begann mit der Rückkehr geordneter Staatsformen und dem Vordringen der Republik nach aufsen ein reger Eifer in einer ganz eigenen Art des Kunftfammelns: während Anfangs ein fchlichter Auguftinermönch aus den rauchenden Kirchen alle Refte, namentlich der Bildwerke, zu retten gefucht hatte, die im Mufée français (leider nur auf kurze Zeit) vereinigt wurden, liefs Napoleon nach jedem feiner Kriege in den befiegten Staaten eine ganz fyftematifche Auslefe unter den hervorragenden Kunftwerken machen, die in dem erweiterten Louvre vereinigt wurden. Zum erften — und hoffentlich auch zum letzten — Mal bot fich im Louvre ein Weltmufeum, eine Vereinigung der Kunftfchätze aller Zeiten und Länder, foweit fie erreichbar und transportirbar gewefen waren; ein Mufeum von ganz eigenthümlicher Wirkung: koloffal in feiner Ausdehnung, voll der herrlichften Schätze, aufgeftellt in koloffalen Räumen mit Wänden und Säulen von prächtigftem Marmor, aber kalt und unbehaglich in der Ausftattung, verwirrend und erdrückend durch die Maffe der Gegenftände und den Mafsftab der Räume — in feiner Art ein Abbild des erften Kaiferreichs, das noch heute die Wirkung der Louvre-Sammlungen auf's Empfindlichfte beeinträchtigt.

Mit dem Zufammenbruch des Kaiferreichs verfchwand auch diefes Weltmufeum, wenn auch der Louvre dank der Gleichgültigkeit einzelner

7

Staaten, namentlich Oeſterreichs, Jen Beutezügen Napoleon's noch heute eine beträchtliche Zahl ſeiner Meiſterwerke verdankt. Dieſe gewaltſame Umwälzung hatte für die Kunſt die günſtige Wirkung, daſs ſie den Völkern den Werth und die Bedeutung ihrer Kunſtwerke zur Erkenntniſs brachte; und da die Revolution mit der lebenden Kunſt faſt überall ein Ende gemacht hatte, und die Anfänge einer neuen, der modernen Kunſt, noch dürftige und ſchwache waren, ſo bethätigte ſich jetzt der Sinn für die Kunſt vor Allem im Zuſammenbringen der Werke vergangener Zeiten. Was aus Frankreich zurückkam: die Schätze aus den aufgehobenen Klöſtern, aus zahlreichen Kirchen und fürſtlichen Schlöſſern, wurde jetzt nur ſelten an ſeinen alten Platz wieder zurückgeführt, ſondern, nach dem Vorbilde Napoleon's, in Muſeen vereinigt und der allgemeinen Beſichtigung eröffnet; die Kunſtwerke wurden Staatseigenthum, während ſie bis dahin faſt ausnahmslos Privateigenthum der Fürſten oder der Kirchen und nur ausnahmsweiſe oder ungenügend zugänglich geweſen waren. In Italien ſind damals die zahlreichen Sammlungen der Akademien, die Athenäen und Pinakotheken entſtanden; in Deutſchland ergriffen zumeiſt die Fürſten, nach dem hochherzigen Vorgange König Friedrich Wilhelm's III., die Initiative, indem ſie ihre Hausſchätze der öffentlichen Beſichtigung freigaben und ſie in eigenen Bauten unterbrachten. Das Alte Muſeum in Berlin, die grofsartigen Schöpfungen König Ludwig's I. in München, die Galerien in Braunſchweig, Gotha, Darmſtadt, Karlsruhe u. ſ. f. verdanken dieſer Zeit ihre Entſtehung, und nach ihrem Vorbild wurden in den Reichsſtädten aus dem Kunſtſinn und der Opferwilligkeit der Privaten ähnliche Muſeen geſchaffen, unter denen das Städel'ſche Kunſtinſtitut lange als eine Muſteranſtalt obenan geſtanden hat. Derſelben Strömung verdankte zu gleicher Zeit auch England die Gründung ſeiner Muſeen: das British Museum und die National Gallery ſind, ohne Betheiligung der fürſtlichen Schätze, nur aus ſtaatlichen Mitteln und durch Schenkungen im Laufe von kaum mehr als einem halben Jahrhundert jedes in ſeiner Art die beſte Sammlung der Welt geworden. Daneben war in England die rege Sammelluſt in Privatkreiſen, die dort ſchon ſeit dem Anfang des XVIII. Jahrhunderts zahlreiche Privatſammlungen hatte entſtehen laſſen, womöglich noch geſteigert; unter den ungünſtigen finanziellen Verhältniſſen, welche die Revolution während der u. A. die Galerie des Duc d'Orléans in London zum Verkauf kam und die Napoleoniſche Zeit namentlich in den alten Kunſtländern geſchaffen hatte, und welche ſich ein paar Jahrzehnte ſpäter in Folge der Revolution von 1848 wiederholten, gelang es den reichen Sammlern, voran dem König Georg IV., der feiner nächften Umgebung feinen gewählten künftlerifchen Gefchmack mitzutheilen verftand, die grofse Mehrzahl der bedeutenden Bilder, Zeichnungen und theilweife auch Sculpturen, die noch käuflich waren, aus Italien, Spanien, Frankreich und den Niederlanden in ihren Schlöffern zu vereinigen.

Diefes Sammeln während der erften Hälfte unferes Jahrhunderts befchränkte fich im Wefentlichen auf die grofse Kunft: Malerei und Plaftik, fowie auf die vervielfältigenden Künfte; nur nebenbei wurden Werke des Kunftgewerbes, und zwar vorwiegend als Ausftattungsgegenftände, gefammelt. Freilich ift, namentlich von einzelnen englifchen Sammlern, wie vom Lord Hamilton, während der franzöfifchen Revolution eine Reihe der herrlichften franzöfifchen Möbel und Porzellane gefammelt worden; aber es gefchah in erfter Linie aus Intereffe und als Erinnerung an die unglückliche Königsfamilie, nicht aus Kunftintereffe. Erft mit dem erwachenden Verftändnifs der künftlerifchen Bedeutung, die auch in dem kleinften Möbel und Geräth der vergangenen Zeiten meift zum Ausdruck kommt, und in der Erkenntnifs des Einfluffes, der durch die Vertiefung in die Form und Behandlung diefer Gegenftände auf die Hebung des modernen, in Stillofigkeit und technifchem Unvermögen verkommenen Kunftgewerbes ausgeübt werden könne, entftanden um die Mitte diefes Jahrhunderts auch die erften eigentlichen Sammlungen kunftgewerblicher Gegenftände. Auch hier war Englands Vorgang entfcheidend: unter dem Protectorat und nach den Intentionen des unvergefslichen Prinz-Gemahls wurde das Kensington Museum gegründet, das nach wenigen Jahrzehnten fich für alle Zeiten in feiner Art den erften Platz durch die Fülle der hervorragendften Kunftwerke gefichert hat und deffen Schulen unter diefen Vorbildern das Kunftgewerbe Englands in eigenthümlicher Weife anzuregen und auszubilden verftanden. Wien, fpäter München, Berlin und Hamburg wie verfchiedene kleinere Städte in Deutfchland find diefem Beifpiele gefolgt, mit mehr oder weniger glücklichem Erfolge für die Ausbildung eines nationalen Gewerbes.

Die faft ausfchliefslich hiftorifche Art des Sammelns, welche diefer Zeit eigenthümlich war, hatte dahin geführt, dafs man in dem einfeitigen Wunfche nach dem Erwerben eine fchematifche Auffpeicherung und gegenftändliche Anordnung, wie bei naturwiffenfchaftlichen Sammlungen (gelegentlich gefchah dies fogar in Bildergalerien), ftatt einer gefchmackvollen Aufftellung nach künftlerifchen Gefichtspunkten gewählt hatte. Auch hatte man nur zu häufig fich mit zahlreichen Stücken mittlerer Güte begnügt, während gerade im Kunfthandwerk nur das Befte wirkliche Be

2

9

deutung hat. In erſterer Beziehung iſt ſelbſt das Kensington Museum noch heute ein faſt unentwirrbares, unbehagliches Labyrinth; in letzterer Beziehung haben namentlich verſchiedene unſerer deutſchen Muſeen aus falſcher Sparſamkeit geſündigt. In den Galerien, den öffentlichen wie den privaten, waren Rückſichten auf den Geſchmack oder auf die Güte der Kunſtwerke bei der Aufſtellung faſt noch weniger zur Geltung gekommen; man begnügte ſich damit, die Wände bis oben hin mit den Bildern, gerade wie ſie paſsten und kamen, im günſtigſten Falle nach der hiſtoriſchen Zuſammengehörigkeit zu behängen. In den Privatſammlungen, namentlich in den deutſchen, waren ſelbſt die werthvollſten Gegenſtände innerhalb der geſchmackloſeſten, einfachſten modernen Zimmereinrichtung ſo untergebracht, daſs die Räume mehr einer Polterkammer als einer Kunſtſammlung gleich ſahen. Ein Wandel iſt hier erſt ſeit kaum zwei Jahrzehnten und nur in einer beſchränkten Zahl von Sammlungen eingetreten. Der Anſtofs dazu iſt nicht von den öffentlichen Anſtalten, ſondern von einer kleinen Zahl reicher franzöſiſcher Privatſammler ausgegangen, die ihre Häuſer im Stil Louis XVI., Louis XV., Louis XIV. oder Henry II. ſtilgemäſs mit alten Möbeln, Kaminen und Gobelins einzurichten und mit Kunſtwerken aus der Zeit auszuſtatten ſuchten. Behagliche Wohnräume und prächtige Empfangsräume, wie man ſie wünſchte, vertrugen nur eine kleine Zahl ganz gewählter Kunſtwerke, deren Aufſtellung bis auf die gleichzeitigen Rahmen und Sockel, deren geſchmackvolle Anbringung an den Wänden mit der gröſsten Sorgfalt durchgeführt wurde. Für die paſſende Einrahmung eines Kunſtwerkes, für die Ausſtattung eines Schreibtiſches mit künſtleriſch vollendeten Schreibutenſilien der Zeit, für die Ausſtattung des Kamins in der gleichen Weiſe haben Sammler wie der Marquis of Hertford, wie Adolphe Rothſchild und die jüngere Generation dieſer Familie nebſt den ihnen ſich anſchlieſsenden Sammlern gelegentlich ebenſo viel oder mehr ausgegeben wie für die Kunſtwerke ſelbſt. Dadurch haben ſie erreicht, daſs die Räume einen je nach der Abſicht wohnlichen oder ſtattlichen, regelmäſsig harmoniſchen Eindruck machen, und daſs die einzelnen Kunſtwerke darin eine Wirkung hervorbringen, die der vom Künſtler beabſichtigten möglichſt nahe kommt.

Für Muſeen iſt eine ähnliche Anordnung und Aufſtellung bisher noch kaum verſucht worden. Und doch ſollte eine harmoniſche Vertheilung der Räume, eine geſchmackvolle Decoration derſelben und eine Aufſtellung der Kunſtwerke in einer Art, daſs jedes derſelben zu möglichſt günſtiger Wirkung kommt und dabei der Raum als Ganzes doch einen monumentalen Eindruck macht, ein Erforderniſs für jedes gröſsere Muſeum ſein: eine intime zimmerartige Aufstellung ist dagegen nur für gewisse Sammlungen und auch für diese nur theilweise anwendbar. In erster Linie für die Kunstgewerbe-Museen, die ja ganz besonders in der Einrichtung von Zimmern mit einfachen, aber besonders gut gearbeiteten Möbeln und anderen Ausstattungsstücken der Zeit Vorbild und Anregung für unser modernes Kunstgewerbe geben sollen; in eingeschränkter Weise aber auch für die Sammlungen der Malerei und Plastik, in denen die Meisterwerke jeder Epoche gemischt und sparsam in besonderen, durch wenige hervorragende Möbel und Gobelins der Zeit ausgestatteten Räumen zu einer der ursprünglichen Absicht nahekommenden vortheilhaften und zugleich monumentalen Wirkung kommen könnten.

Diese Grundsätze hat Ihre Majestät die Kaiserin und Königin Friedrich, unter den Eindrücken der Bestrebungen Ihres Hochseligen Vaters aufgewachsen, schon 1883 bei der Feier der silbernen Hochzeit mit Ihrem unvergeslichen Gemahl, dem Protector der Berliner Museen, ausgesprochen, als zuerst der Plan der Erweiterung der Königlichen Museen auftauchte. Da diese Worte, die wir damals als Einleitung dem Katalog der Ausstellung alter Kunstwerke in der Königlichen Akademie vorausstellen durften, zugleich die Grundsätze enthalten, nach denen die Hohe Frau die eigenen Sammlungen zusammengebracht und jetzt in Friedrichshof aufgestellt hat, so finden sie hier als Eingang zur Beschreibung dieser Sammlungen ihren passendsten Platz.

»Die Frage der Erweiterung der Königlichen Museen und der eingreifenden und kostspieligen Veränderungen, die getroffen werden sollen, regt unwillkürlich den Gedanken an, wie die schönen Sammlungen nicht nur am praktischsten und übersichtlichsten, sondern auch am schönsten aufgestellt werden können.

»Bisher scheint man in den Aufstellungen von Kunstsammlungen innerhalb von Museen immer nur den Standpunkt der Wissenschaft zur Richtschnur genommen zu haben. Die strenge Classificirung, die Trennung der bildenden Künste ist immer aufrecht erhalten worden. Dies scheint doch für das unendlich werthvolle Kunstmaterial ein etwas einseitiger Standpunkt. Statuen und Bilder sind etwas anderes, als die Gegenstände eines Naturaliencabinets. Sollen unsere Museen grose Bildungsschulen für das Publicum sein, so können sie in zweifacher Weise bildend und civilisirend wirken: einmal durch die gebotene Möglichkeit zu eingehendem Studium, und zweitens durch die Darstellung des wahrhaft Schönen in möglichster Vollkommenheit. Daher will es scheinen, als ob die kostbaren

2·

11

Originale, von Meisterhand geschaffen, ihren Zweck, durch ihre Schönheit zu wirken, nicht erfüllen, wenn sie bloß als Nummer in der Sammlung oder Exemplar dieser oder jener Schule, dieses oder jenes Meisters aufgestellt sind. Erreichen, daß sie ihrem Werthe nach, im Sinne des Künstlers, der sie geschaffen hat, in möglichst schöner Umgebung und Beleuchtung auf den Beschauer wirken, heißt erst wahren Nutzen aus ihrem Besitz ziehen. Man bedauert oft geradezu, Kunstwerke, die man früher in Palästen und Kirchen gekannt hat, nun in den Galerien nüchtern fortgestellt oder in Reihen an der Wand geordnet zu sehen, während sie als Schmuck eines schönen Raumes prangen und auf uns wirken sollten durch ihre Schönheit, die nun in der Masse verborgen wird. Aehnlich ergeht es den Altären, Bildern und Grabdenkmälern, welche, aus den Kirchen entfernt, einen bis zur Unkenntlichkeit verminderten Eindruck in den Sälen eines Museums machen, die häufig mehr oder minder den Räumen eines Hospitals nicht unähnlich sind.

»Was macht den Besuch eines Museums für Laien so unendlich ermüdend und warum verwirren sich in der Erinnerung die Eindrücke des Geschenen so störend bei dem nach Kunstgenuß durstenden Besucher? Weil die Masse des zu Betrachtenden so auf einander gehäuft, als Ganzes so wenig schön ist, daß man gezwungen ist, sehr scharf zu sehen, um all die Schönheiten der einzelnen Kunstwerke recht gewahr zu werden; eine Arbeit, die nur dem sehr geübten Auge gut gelingt. So gehen wir an einer Menge der herrlichsten Dinge allzu rasch vorbei, weil man den Wald vor Bäumen nicht mehr sieht.

»Kann aber einer nationalen Baukunst eine schönere und sympathischere Aufgabe werden, als die herrlichen Kunstwerke vergangener Zeiten richtig zur Geltung zu bringen? Sollen denn die Museen nur Speicher sein, worin die Schätze weggestellt sind, die man mit so ungeheuren Kosten, großer Mühe, Geschick und Wissen gesammelt hat? Sollte man nicht ebenso glücklich aufstellen als sammeln können im Sinne der ausübenden Künstler, die ihren Rath ja im Interesse der älteren Kunst gewiß gern gewähren werden? Ein grauer Stuck- oder Steinraum, angefüllt mit häßlichen Postamenten und grauen Statuen, ist für Niemand ein erfreulicher Anblick. Ein großer viereckiger Raum mit kleinen, noch so werthvollen Bildchen bis zur Decke tapeziert, ist nicht schön und macht keinen Eindruck. Es darf nicht verkannt werden, wie viel schon nach dieser Richtung hin geschehen ist, es ist aber noch lange nicht genug. Könnte man nicht ein herrliches und harmonisches Ganzes herstellen, wenn man Statuen und Bilder, Büsten,

Reliefs in fchönen Räumen zufammenftellte, in welchen auch gefchmack-
volle Vitrinen zur Aufnahme von Medaillen, Gemmen etc. ihren Platz
fänden?

»Würden nicht die Raphael'fchen Wandtapeten mit einigen Haupt-
ftücken der Renaiffance-Sculptur und vielleicht einem echten alten Plafond
und einigen vornehmen Möbeln einen herrlichen Eindruck machen und
pietätsvoller aufgehoben fein, als in ihrer jetzigen Stellung?

»Das Kupferftichcabinet müfste freilich für fich bleiben, und auch
die Gips-Sammlungen möge man als Material zum Studium der Kunftgefchichte behandeln und fo vollftändig als möglich machen. Nur an ihren
Lehrzweck denkend, mag man fie fo ftreng als möglich claffificiren, damit das Publicum an ihnen, wie an Photographien, einen Ueberblick über
die Gefammtkunft aller Jahrhunderte und Länder bekomme und mit dem
Kataloge in der Hand im Stande fei, einen möglichft vollftändigen Curfus
der Kunftgefchichte durchzumachen.

»Das oben angedeutete Princip der möglichft künftlerifchen und
günftigen Aufftellung von Kunftwerken fcheint fich auf unferen modernen
Ausftellungen immer mehr Bahn zu brechen. Da ift denn zu hoffen, dafs
die Mufeen fich ihm nicht ganz verfchliefsen und die berechtigten An-
forderungen der Künftler und Kunftliebhaber nach diefer Richtung berück-
fichtigen werden. — Natürlich ift es nicht möglich, alle Kunftwerke unferer
Mufeen fo aufzuftellen; aber es kann doch mit den beften gefchehen, fo
dafs mehrere Säle nach Art der »Tribuna« für die einzelnen Hauptfchulen
entftünden. Könnte man den übrigen wenigftens theils Nordlicht, theils
eine Beleuchtung von oben in nicht zu hohen Räumen fichern, fo wäre
fchon das Nöthigfte erreicht. Wäre dann weiter möglich, eine noch
ftrengere Auswahl zu treffen, fowie auf manches gute und kunfthiftorifch
intereffante Stück zu Gunften der Provinzial-Mufeen zu verzichten, würden
endlich die fchlechteften Rahmen ganz verbannt, fo würde der gefammte
Effekt und Werth der Galerie nur noch zunehmen.

»Das fchönfte Ziel wäre wohl ein ganz neues Gebäude für die
Bildergalerie und die Renaiffance-Sculpturen nach oben erwähntem Princip.

»Je mehr man anfängt, die Werke vergangener Zeiten zu würdigen
und ihren wahren Werth zu erkennen, defto pietätsvoller müfste man mit
ihnen umgehen, defto mehr ihnen Geltung verfchaffen.«

Pantherkopf antike Bronze

Die Auswahl der zur Nachbildung beſtimmten Kunſtwerke aus den Sammlungen von Schloſs Friedrichshof wurde unter Allerhöchſter Billigung Ihrer Majeſtät der Kaiferin gemeinfam mit Seiner Excellenz dem Oberhofmeiſter Grafen Goetz von Seckendorff und dem über der Arbeit zu früh verfchiedenen Geheimen Reg.-Rath Dr. Robert Dohme von dem Unterzeichneten getroffen. Die Aufnahmen und die Ausführung der Tafeln in photographifchem Druck wie der Textilluſtrationen in Kornätzung erfolgten durch die Reichsdruckerei, deren Leitung fich auch hier in ihrer künſtlerifchen Leiſtungsfähigkeit wieder voll bewährt hat. Die Radirungen find von A. Krüger und Profeſſor Peter Halm ausgeführt. Von dem begleitenden Text haben die Herren Dr. Fritz Sarre die Abtheilung »Silber etc.«, Dr. Richard Graul die »Möbel und Gobelins«, Dr. Richard Stettiner das »Porzellan« und die »Miniaturen«, Guſtav Leinhaas die »Emailarbeiten«, »Eifen« und »Deutfches Steingut«, Julius Zöllner das »Zinn«, der Unterzeichnete die »Gemälde« und »Bildwerke« bearbeitet. Bei der Anordnung und Ueberwachung des Satzes war mir, neben Seiner Excellenz Herrn Grafen Seckendorff, Geheimer Reg.-Rath Dr. Friedrich Lippmann behilflich.

Wilhelm Bode

BILDWERKE

Bronzebüste eines Knaben von Aris Rodellino

Schloſs Friedrichshof iſt und
giebt ſich als ein modernes Bau-
werk, ausgeſtattet mit allem Com-
fort, den die Hilfsmittel der modernen Technik dem Leben zu bieten im Stande ſind. Aber die alte
Kunſt hat dem Bau doch als Vorbild gedient; nicht der Stil einer
beſtimmten Zeit, ſondern jede Zeit,
die, dem Anſpruch eines fürſtlichen Lebens gerecht werdend, den
Grundriſs und die Einrichtung des
Privathauſes zur Aufgabe der Kunſt
gemacht hat. Die groſse Halle mit
dem Treppenhaus und den Corridoren wie der Eſsſaal und die Biblio-
thek ſind in den Formen der italie-
niſchen Renaiſſance gehalten, die Wohnräume zeigen in Verhältniſſen und
Decoration den Stil des vorigen Jahrhunderts, die Logirräume im erſten
Stock haben eine moderne engliſche Einrichtung.

Auch die Kunſtwerke ſind nach dem Stil der Räume vertheilt, ja
bringen denſelben erſt voll zur Wirkung. Ein groſser Theil derſelben, der
Zahl nach (ſchon durch das Vermächtniſs von Robert-Tornow) ſogar der
gröſsere, iſt der Hohen Frau als Geſchenk überreicht worden und hat dadurch noch einen eigenen Affectionswerth. Dennoch hat die Sammlung
einen ausgeſprochen perſönlichen Charakter, welchen die Kaiſerin dem
Ganzen durch entſchiedene Neigungen in ihren Ankäufen wie in Ausſtattung und Aufſtellung zu verleihen wuſste. Dieſer durchgehende Grund-

15

zug ist die Richtung auf jenen naiven Naturalismus, welcher vor Allem der Kunst des XV. Jahrhunderts eigen ist, verbunden mit einem ausgesprochen malerischen und decorativen Sinn, wie er die Kunstwerke des XVII. und XVIII. Jahrhunderts besonders auszeichnet.

Die italienische Kunst des Quattrocento fehlte fast vollständig in der Sammlung Robert-Tornow; auch in Schlofs Friedrichshof machen die Kunstwerke dieser Epoche zwar nur eine bescheidene Zahl aus, aber die Art, wie sie aufgestellt sind, verräth, welchen Werth die Kaiserliche Besitzerin auf diese Stücke legt, und wie sie vor allen anderen Sachen das Auge fesseln, beweist, welcher künstlerische Werth denselben innewohnt. Sie sind fast ausnahmslos Erwerbungen Ihrer Majestät.

Das hervorragendste Stück darunter, ein Werk, wie selbst die ersten Museen nur wenige besitzen, ist die Marmorbüste des bejahrten Genueser Bankiers Acellino Salvago; sie ist die Arbeit des lombardischen Bildhauers Antonio della Porta, genannt Tamagnini, der kurz vor der Entstehung der Büste (1500) nach Genua übergesiedelt war. Als Portraitbüste ist dieses Werk die bedeutendste Arbeit, die uns von der Hand eines lombardischen Künstlers erhalten ist. In der Behandlung des Marmors, in der Durchführung bekundet der Künstler die treffliche Schule, die er als Mitarbeiter an der Façade der Certosa zu Pavia unter Amadeo durchgemacht hatte. In der Auffassung contrastirt die lebendige Seitenwendung des Kopfes und der Blick nach oben in eigenthümlicher Weise mit der minutiösen Durchbildung bis in die kleinsten Hautfalten. Dies sollte in Verbindung mit dem geöffneten Mund auf eine Arbeit nach der Todtenmaske schliefsen lassen, aber Acellino war damals noch am Leben; das hohe Alter — er war, wie uns Justi erzählt (Jahrbuch d. K. Preufs. Kunstsamml. 1892 S. 90 ff.) im Jahre 1500 etwa achtzig Jahre alt — gab ihm das Maskenhafte im Aussehen; eine Schwäche des Alters war auch wohl die Angewöhnung, den Mund offen zu halten. Der geschmackvolle eigenartige Abschlufs der Büste nach unten, wie die tadellose Erhaltung, die sie ihrer sorgfältigen Aufbewahrung in einem der Paläste Genuas verdankt, geben derselben noch einen ganz eigenen Reiz.

Aufser diesem Charakterkopf, einer der wenigen oberitalienischen Marmorarbeiten des Quattrocento, die neben den Florentiner Bildwerken bestehen, besitzt die Sammlung auch eine jener köstlichen Florentiner Kinderbüsten, von denen Alles in Allem kaum ein Dutzend auf uns gekommen ist. Wie die Mehrzahl derselben scheint auch dies Köpfchen, das ausnahmsweise in Bronze ausgeführt ist, auf Antonio Rossellino zurückzu-

ANTONIO TAMAGNINI

MARMORBÜSTE DES ACELLINO SALVAGO

ANDREA DELLA ROBBIA

GLASIRTES THONRELIEF DER MADONNA

gehen. Der Gufs in cire perdue ift leider durch eine im Giefsen wenig bewanderte Hand ausgeführt und ift daher fehlerhaft. Auf Roffellino geht auch ein Stuckrelief der Madonna mit dem Kind zurück, deffen Marmororiginal nicht mehr bekannt ift. Kein Stuck kommt fo häufig vor wie gerade diefe Madonna; er findet fich in verfchiedener Gröfse und verfchiedener Ausftattung. Das hiefige Exemplar ift das kleinere, bei dem in fehr gefchmackvoller Weife innerhalb der Decoration des Grundes der Abdruck einer Plakette des heiligen Georg von dem Parmenfer Künftler Giovanni da Enzola angebracht ift.

Ein jenen Büften gleichwerthiges Stück befitzt die Kaiferin in dem kleinen glafirten Thonrelief der Madonna von Andrea della Robbia. Selten nur zeigt Andrea einen folchen Liebreiz wie in diefen Geftalten von Mutter und Kind, felten eine fo feine Beobachtung der Natur. Auch farbig wirkt dasfelbe dadurch befonders glücklich, dafs die

Bronzebüfte von Papft Gregor XIV.

weifsen Figürchen auf dem himmelblauen Grunde von einem vergoldeten Rahmen umgeben find, der als folcher ein wahres Meifterwerk der Florentiner Schnitzarbeit aus dem Anfang des XVI. Jahrhunderts ift. Eine zweite anfprechende Arbeit aus Andrea's Werkftatt, ein ftehender Engel, wohl als Leuchterhalter gedacht, kann neben einem folchen Werke nicht ganz beftehen.

Unter den Arbeiten der kleinen Plaftik reihen fich diefen grofsen Bildwerken verfchiedene nicht unwürdig an. Sie find meift, wie die Werke der Kleinkunft in Italien überhaupt, fchon aus vorgerückterer Zeit, aus der Mitte und vom Ende des XVI. Jahrhunderts.

Vortrefflich ift zunächft die Bronzebüfte von Papft Gregor XIV. (aus der Genuefer Sammlung Mylius ftammend), als Portraitbüfte in kleinem Format aus diefer Zeit eine grofse Seltenheit. In der Auffaffung

3

Johannes d. T.: venezianische Bronzestatuette um 1600

ist sie so sicher und grofs wie die beiden bronzenen Kolossalbüsten von Gregor's Vorgängern auf dem Stuhle Petri, Papst Gregor XIII. im Berliner Museum und Papst Sixtus V. in der Galerie zu Sansfouci. Unter den übrigen Bronzen steht die Gestalt eines nackten schlanken Jünglings, der die Arme über den Kopf gelegt hat, den Figuren des Cellini nahe. Sie ist eng verwandt einem Figürchen aus Buchsbaum in ganz ähnlicher Haltung, einer der ganz seltenen Buchsarbeiten von italienischer Herkunft. Die Bronzestatuette des Täufers und die Figur der Judith verrathen venezianischen Ursprung; letztere steht dem Jacopo Sanfovino nahe. Einer etwas vorgeschritteneren Zeit gehören ein paar springende Pferde. Unter den Medaillen, die fast ausschliefslich italienischer Herkunft find, ist namentlich Sperandio's Ercole d'Este ein feltenes Stück, zugleich von trefflichem Gufs und feinster Patina.

Dem Manne, dessen Sammlung den Grund gelegt hat zu den Schätzen, die heute in Schlofs Friedrichshof vereinigt find, Robert-Tornow, war die Richtung feines Sammelns schon durch die Räume, die er zur Aufstellung zur Verfügung hatte, gegeben: fein Trachten stand nach den vollendeten Werken der Kleinkunst. Auch hatte in den vierziger bis siebenziger Jahren der deutsche Markt, auf den Tornow hauptsächlich angewiesen war, solche Stücke noch in einer, wenn auch beschränkten Zahl aufzuweisen, während die Werke der grofsen Kunst in Deutschland bereits fast ganz aus dem Handel verschwunden waren. Freilich gehörten die Arbeiten der deutschen Renaissance auch damals schon zu den seltensten Stücken im Kunsthandel; nur hier und da war in Nürnberg, Augsburg oder München ein feines

Holzmodell zu einer Medaille oder für Goldfchmiede-Arbeiten, eine kleine Bronze oder
ein Stück deutfcher Goldfchmiede-Kunft zu
erwerben. Tornow hat diefe Gelegenheiten mit grofsem Gefchick ausgenutzt. Die
kleine von ihm ftammende Sammlung von
Buchsfchnitzereien ift eine fehr gewählte.
Unter den Medaillenmodellen ift die grofse,
in wirkungsvollem Hochrelief gefchnitzte
Büfte des W. Pirkhaimer voran zu nennen.
Künftlerifch vielleicht noch vollendeter find
die Buchsmedaillen des Jörg Fegelin, des
Baldus Steib (bezeichnet BALDVS . STEIB .
ETATIS . SVAE . 44 . ANNO 1528) und eines
jungen Mannes in Mütze ohne Namen; letztere beide der Richtung des berühmteften
deutfchen Medailleurs, F. Hagenauer von
Augsburg, nahe ftehend. Unter mehreren
ähnlichen Modellen in Kehlheimer Stein ift
das eines bärtigen Mannes, mit der Umfchrift: Remedium invidiae contemptus, das
bedeutendfte (um 1545). Befonders delicat als
Arbeit und nicht minder treffend in der Cha-
rakteriftik ift das in Perlmutter gefchnitzte
Medaillon des kunftfinnigen Cardinals Albrecht von Brandenburg. Unter den figür-

Nackter Jüngling; italienifche Buchsftatuette
des XVI. Jahrhunderts

lichen Modellen, die regelmäfsig als Vorlagen für Goldfchmiede entftanden, find eine Judith (um 1540), Hercules die Hydra tödtend (frei nach
einer Plakette von Moderno) und ein paar Putten in halbrunder Einrahmung (um 1525) befonders ausgezeichnet. Von den nach folchen Holz-
modellen in Stuck ausgedrückten und bemalten Portraits auf Schachbrett-
fteinen find gleichfalls einige vorzügliche Exemplare vorhanden. Von den
feltenen kleinen Bronzen, die Ende des XV. und Anfang des XVI. Jahrhunderts diesfeits der Alpen entftanden, find ein paar knieende Engel,
vergoldet und als Leuchterhalter gedacht, fein empfundene Arbeiten niederrheinifchen oder niederländifchen Urfprungs, etwa vom Jahre 1500.

Aus der Sammlung Tornow ftammt auch eine kleine Zahl von gröfseren Holzbildwerken, Gruppen aus jenen koloffalen niederländifchen oder

3*

19

niederrheinifchen Klappaltären, wie fie namentlich noch in Calcar, Xanten
und in den deutfchen Städten der Oftfee am alten Platz und vollftändig erhalten find. Die auf Seite 22 abgebildete Gruppe ift ein kleines Meifterwerk
herber niederländifcher Bildfchnitzerei, in feiner Bemalung über der dicken

Italienifche Thonbüfte eines Malteferritters aus dem XVII. Jahrhundert

Vergoldung von aufserordentlich feiner Wirkung. Irre ich nicht, fo ift es
eines der an der Predella von Jan Borman's Altar in der Marienkirche zu
Lübeck fehlenden Stücke, von denen auch das Berliner Mufeum eines befitzt.
　　Bildwerke aus der Barockzeit, fo verfchieden fie von denen des
Quattrocento find, hat die Hohe Sammlerin dennoch nicht ganz ver-

ART DES BERNINI

GLASGEFÄSS, MIT VERGOLDETER BRONZE DECORIRT

BÜSTE EINES NEGERS AUS SCHWARZEM MARMOR

fchmäht; find fie doch durch ihre malerifche und decorative Wirkung ganz befonders geeignet zum Zimmerfchmuck. Algardi's bekanntes Riefenrelief mit der Bekehrung des Paulus wurde in einer kleineren Bronzewiederholung in Rom erworben. Aus Neapel ftammt die Thonbüfte eines Malteferritters auf höchft originellem, gefchmackvollem Sockel; ganz im Charakter des Bernini und in der vornehmen Auffaffung und individuellen Wiedergabe einem Bildnifs von Anton van Dyck kaum nachftehend. Dem Bernini verwandt ift die in Goldbronze hergeftellte Decoration eines intereffanten, prächtig wirkenden grofsen Glasgefäfses, das ein Gefchenk Seiner Majeftät Kaifer Wilhelm's II. ift. Um den Körper des Gefäfses legt fich ein Relief in vergoldeter Bronze, ein Bacchanal darftellend, von lebendiger fchwungvoller Bewegung; der Deckel ift mit ornamentalen Verzierungen in Goldbronze belegt. Empfindungsvoller und weicher in der Behandlung, auch wohl fchon etwas fpäter als die Zeit Bernini's, ift die Halbfigur eines Geiftlichen, Lodovico Grapinelli, ein Hochrelief in unbemaltem Thon. Aehnliche Arbeiten kommen von Bolognefer Künftlern aus der erften Hälfte des XVIII. Jahrhunderts vor, von deren Einem wohl auch diefes Portraitrelief gefertigt wurde. Durch ihre naturaliftifche Behandlung ift auch die grofse Büfte eines Negers in fchwarzem Marmor von pikanter Wirkung.

Holzmedaillon des Wilibald Pirkhamer

GEMÄLDE

Bronzes Schnitzwerk von Jan Bormann

Die Gemälde in Schlofs Friedrichshof gehören weitaus der Mehrzahl
nach der Barockzeit, eine kleinere
Zahl dem vorigen Jahrhundert, nur
einige wenige. der Renaiſſance an.
Letztere beſchränken ſich auf das
Bruchſtück eines farbenſchönen Bil-
des von Bartolommeo Montagna: die
Halbfiguren von Johannes und Lucia,
darüber krönende Engel; die Darſtellung einer Meſſe, ein holländiſches
Werk etwa vom Jahre 1530 in der
Art der Jugendbilder des Hemeſſen,
hell und leuchtend in der emailarti-
gen Farbe, mit einigen guten genre-
artigen Figuren unter den Andächti-

gen; endlich als Hauptwerk das in photographiſchem Druck hier nach-
gebildete Portrait eines jungen Mädchens in reicher niederländiſcher Tracht,
etwa um 1510 bis 1515 gemalt. Der Künſtler dieſes ſehr individuell gege-
benen Bildniſſes von tiefer, leuchtender Farbe und höchſt ſauberer und
doch maleriſcher Durchführung iſt nach unſerer bisherigen Kenntnifs der
altniederländiſchen Schule nicht näher zu beſtimmen. Man wird dabei
wohl an den unter dem Namen Jan Moſtaert bekannten Künſtler erinnert;
aber dieſer iſt noch tiefer in der Farbe und hat regelmäſsig einen unver-
kennbaren roſigen Fleiſchton, der hier fehlt; auch hat er ſeine Bildniſſe
nicht ſo naiv und lebensfriſch wiederzugeben verſtanden wie dieſer Künſtler.

22

NIEDERLÄNDISCHER MEISTER UM 1510

BILDNISS EINES JUNGEN MÄDCHENS

PARIS BORDONE

BILDNISS EINER JUNGEN VENEZOANERIN

Gerade für diese Zeit des Ueberganges der Kunft des XV. in die des XVI. Jahrhunderts fehlt uns in den Niederlanden wie am Niederrhein noch bei einer Reihe fehr tüchtiger Künftler der Anhalt für ihre Benennung. Die Gemälde des XVII. und XVIII. Jahrhunderts, welche Halle und Corridore wie fämmtliche Wohnräume fchmücken, find in erfter Linie Bildniffe, daneben eine Anzahl Stillleben und zwei Landfchaften, aber keinerlei Bilder hiftorifchen oder fittenbildlichen Inhalts. Es ift dies nicht zufällig: im Portrait wie im Stillleben kommt die künftlerifche Bedeutung am reinften zum Ausdruck; fie erfcheint weit weniger vermifcht mit den abfonderlichen Anfchauungen und Gewohnheiten der Zeit und des Volkes, in dem fie entftanden find, als dies im Sittenbild, in der Landfchaft und zumal im Hiftorienbild der Fall ift. Dazu kommt, dafs Portrait und Stillleben decorativ am wirkungsvollften find und auch in Räumen, für welche die Bilder diefer Art urfprünglich nicht gemalt find, zu voller Geltung kommen, zugleich auch die Wirkung diefer Räume in keiner Weife beeinträchtigen, fondern erhöhen. Dies find zweifellos die Urfachen, weshalb namentlich unfere Künftler, wenn fie Bilder alter Meifter fammeln, vorwiegend Bildniffe und Stillleben zu erwerben trachten. Aus den gleichen Rückfichten und aus gleichem Gefchmacke hat auch die Hohe Frau diefen Gattungen der Malerei den Vorzug gegeben. Die Wirkung der Räume in Friedrichshof beweift, dafs dies mit Recht gefchehen ift.

Zwei Bildniffe ftehen im Vordergrunde von allen Gemälden der Sammlung; beide einft im Befitz eines der feinfinnigften Kunftfreunde und beliebteften Künftlers feiner Zeit, des bekannten Portraitmalers Winterhalter. Der Bruder des Malers, der fie bei feinem Tode erbte, hatte fie, auf ausdrückliche Beftimmung desfelben, der Kaiferin Friedrich teftamentarifch zur Verfügung geftellt. Eines diefer beiden Bilder gehört der Blüthezeit der venezianifchen Kunft an und hätte als folches fchon vorher von mir erwähnt werden follen: das Bildnifs eines jungen rothblonden Mädchens in reicher Tracht von der Hand des Paris Bordone. Als ich zum erften Mal vor diefes herrliche Bild trat, war mir, als hätte ich dasfelbe längft gekannt; in der That, dasfelbe Bild ift ja in der Münchener Pinakothek! Freilich, aber hier — faft das einzige Beifpiel in jener herrlichen Sammlung — hängt eine moderne Copie, eine Fälfchung! Der feine Kenner und leidenfchaftliche Sammler König Ludwig I. hat fich hier ausnahmsweife einmal täufchen laffen, wie im neuen Katalog der Pinakothek felbft zugegeben wird. Der Vergleich zwifchen beiden Bildern würde dies fonft alsbald aufser Zweifel fetzen. Statt der flauen Färbung, ftatt der zahmen

Behandlung im Münchener Bilde ift hier Alles Licht und Farbenpracht, bekundet die Behandlung jene geiftreich tockirende Pinfelführung, die Bordone von Tizian gelernt hatte. Die fchöne jugendliche Erfcheinung mit ihren langen üppigen blonden Locken macht, wie fie in der Hand nachläffig den fchwarzen Fächer, die kokette Waffe, hält und auf einem architektonifchen Hintergrunde von feiner mattgrauer Färbung in dem purpurrothen Sammetkleid fich kräftig abhebt, einen bleibenden Eindruck auf den Befchauer.

Das zweite Bild, das aus Winterhalter's Nachlafs erworben wurde, fteht in coloriftifcher Wirkung diefem Werke des Venezianers gleich, in freier malerifcher Behandlung, in individueller Wiedergabe der Perfönlichkeit übertrifft es dasfelbe noch. Es ift das Bildnifs von Rubens' erfter Frau, Ifabella Brant, vom Künftler felbft gemalt. Wie Bordone's Bildnifs, fo ift auch diefes ein lebensgrofses Knieftück. Die Dargeftellte ift keine Schönheit wie Rubens' zweite Frau, Helene Fourment, aber in ihrem etwas fchelmifchen und doch fo treuherzigen Ausdrucke ift fie fympathifcher als diefe üppige träge vlämifche Schöne. Ihr tiefblaues Kleid mit bläulich weifsen Seidenärmeln hebt fich leuchtend von einem tiefrothen Hintergrunde ab; über den linken Arm fällt ein leichter Pelzmantel, mit der Rechten hält fie nachläffig einen Fächer von fchwarzen Straufsenfedern. Selten hat Rubens eines feiner Bildniffe fo treu dem Leben abgelaufcht, fo con amore bis in alle Einzelheiten verfolgt und durchgearbeitet. Die Zeichnung ift ungewöhnlich rein und faft ohne jeden Zug der Manier; dabei hat der Künftler die Figur in den fetten Farben gleichfam modellirt und dadurch der Zeichnung jede Härte genommen und zugleich der Farbe jene emailartige Leuchtkraft gegeben, die kaum ein anderer Meifter in gleichem Mafse befitzt. Der Ton der Farbe ift warm und fatt, für diefe Zeit fogar fchon ungewöhnlich warm; denn nach dem Alter der Ifabella, die dem dreifsigften Jahre nahe fteht, mufs das Bild um 1622 bis 1624 entftanden fein, etwa gleichzeitig mit einem verwandten kleinen Bruftbild in den Uffizien. Diefes erfcheint aber neben jenem ftattlichen und forgfältigen vollendeten Meifterwerke nur wie eine vorbereitende Studie.

Neben diefem mit aller Liebe durchgeführten Bildnifs befitzt die Kaiferin auch einen Männerkopf von Rubens, das Portrait eines etwa fiebzigjährigen Alten im Duttenkragen. Die dargeftellte Perfönlichkeit ift nicht ermittelt. Nicht weit von diefem Bilde hängt der Studienkopf einer alten Frau von Jacob Jordaens; vielleicht das Bildnifs feiner Mutter, da uns ihre Züge fo häufig in den Gemälden des Künftlers begegnen. Die

PETER PAUL RUBENS

BILDNISS SEINER ERSTEN GATTIN ISABELLA BRANT

Nach von Frans Hals   Gest. von Alexs. Krüger

Rad. von A. Krüger

GONZALES COQUES

BILDNISS DES BARON DE BELLEM CHARLES DE RYCK

WILLEM KALF

STILLLEBEN

Verfchiedenheit der beiden grofsen vlämifchen Meifter kommt in diefen Studienköpfen befonders deutlich zur Geltung. Rubens hat fein Modell, wie Tracht und Technik verrathen, bald nach feiner Rückkehr aus Italien, ganz dünn mit wenig flüffiger Farbe auf der Holztafel nur angewifcht, anfpruchslos und treu, fo wie es gerade vor ihm fafs; Jordaens hat dagegen feinen Kopf gleich als Studie für ein beftimmtes grofses Sittenbild gemalt, lachend, in ftarker Lichtwirkung, in körniger trockener Farbe dick modellirt.

Dafs die vlämifchen Maler, was weder die Bilder eines Rubens, eines Jordaens oder Teniers verrathen, auch eine elegante, vornehme Erfcheinung voll zur Geltung zu bringen wufsten, dafür ift Anton van Dyck das bekannte glänzende Beifpiel; einer feiner Schüler, Gonzales Coques, von feinen Zeitgenoffen »der kleine van Dyck« benannt, hat mit der Eleganz zugleich eine grofse Zierlichkeit in feinen kleinen Bildniffen zu vereinigen gewufst. Das Bildnifs des Baron de Bellem, Charles de Ryck, welches die Kaiferin in London erworben hat, ift in feinem dünnen, faft monochromen Farbenauftrag, feiner fchlichten und doch vornehmen Auffaffung der Perfönlichkeit ein fehr bezeichnendes, geiftreiches Beifpiel für feine Kunftweife. Es ift nach der Auffchrift im Jahre 1667 gemalt.

Als Gegenftück hängt in Friedrichshof ein anderes kleines Bildnifs, ein Meifterwerk von Frans Hals. Es ftellt den Haarlemer Prediger Theodor Schrevelius im Alter von 56 Jahren dar. Aus der gleichen Zeit (das Bild trägt die Jahreszahl 1628) ift eine Reihe folcher köftlicher Momentbilder des Künftlers in kleinem Format erhalten: zwei aus dem gleichen Jahre befitzt Lord Radnor in Longford Caftle; zwei andere, vom Jahre 1627, bilden einen Theil des reichen Schatzes an Gemälden des Frans Hals im Berliner Mufeum; ein paar Bildchen aus dem Jahre 1626, kaum über Hand grofs, das Ehepaar Scriverius darftellend, gingen auf der Verfteigerung Secrétan in Paris um 90000 Francs in die Sammlung Havemeyer in New York über.

Die oberen Räume von Schlofs Friedrichshof decorirt eine Anzahl fehr tüchtiger Bildniffe von holländifchen Meiftern zweiten Ranges: das Bildnifs eines jungen Engländers im Panzer von Janfsens van Ceulen, hell und blond im Ton, noch aus der Zeit feines erften englifchen Aufenthalts; von N. Maes ein grofses, frifch aufgefafstes Portrait einer ältlichen Frau, ganz in Schwarz, und ein fpäteres kleines Bildnifs einer jungen Frau vor abendlichem Himmel; von J. de Bray das Bildnifs eines ernft und energifch dreinfchauenden Mannes, fchlicht und wirkungsvoll; von Jan Mierevelt ein

4

männliches Bildnifs in matt farbigem geftreiften Wams, ein tüchtiges Werk feiner früheren Zeit.

Von den beiden einzigen Landfchaften, welche die Kaiferin in ihrer Sammlung aufgenommen hat, ift die eine holländifchen Urfprungs, von der Hand des Johannes Porcellis: eine kleine bewegte See von geiftreicher leichter Behandlung bei faft monochromer Färbung, ein Meifterwerk in der Wiedergabe der Bewegung des Waffers. Das zweite Bild ift eine grofse bergige Landfchaft mit Ausblick auf das Meer von Domenichino; in den fchönen Linien und der tiefen Färbung, welche die fpäte Abendftunde verräth, hat hier der Bolognefer Akademiker eine fo wahre und doch ftilvolle Schilderung der italienifchen Natur gegeben, dafs er feinem grofsen Vorbilde Tizian nahe kommt.

Der Efsfaal im Schlofs Friedrichshof ift mit ein paar grofsen farbigen und wirkungsvollen Fruchtftücken von Frans Snyders, dem fchönften Schmuck eines Efszimmers, decorirt. In den oberen Räumen find ein »Frühftück« von A. van Beyeren, von tiefer warmer Farbe, und ein »Nachtifch« von Willem Kalf aufgeftellt; letzterer im Helldunkel, in dem warmen bräunlichen Ton, in der Behandlung der Früchte und Gläfer, in dem geiftreichen fkizzirenden Farbenauftrag ein kleines Meifterwerk. Freilich abweichend von dem, was wir fonft von Kalf kennen; ein Jugendwerk, das, im Anfchlufs an Bilder von Heda, J. J. Treck und ähnlichen Künftlern noch nicht auf reiche, harmonifche Farbenftimmung, fondern vor Allem auf tonige Wirkung ausgeht.

In den Wohnräumen bilden vorwiegend, der Decoration entfprechend, Bildniffe des vorigen Jahrhunderts den Wandfchmuck: neben einigen grofsen Familienportraits ein köftliches Bildnifs einer fchönen jungen Franzöfin, als Göttin in Wolken thronend, von dem jetzt unter allen französifchen Bildnifsmalern am höchften gefchätzten Nattier; dann, als Gegenftück aufgeftellt, ein tüchtiges Bildnifs von Detroy, ein paar ftudienhafte und dadurch befonders anziehende Bildniffe von Sir Jofhua Reynolds, beide aus feiner früheren Zeit, ein Frauenbild des Venezianers Luca Longhi, das fehr diftinguirte Bildnifs einer vornehmen Venezianerin der zweiten Hälfte des XVIII. Jahrhunderts, fowie eine intereffante kleine Sammlung von Künftlerbildniffen in Paftell: von Largillière, Detroy, Pesne und Mengs, fämmtlich gewählte Werke diefer Künftler.

JEAN-MARC NATTIER

BILDNISS EINER VORNEHMEN FRANZÖSISCHEN DAME

SIR JOSHUA REYNOLDS

BILDNISS DES ADMIRALS KEPPEL

DIE ARBEITEN IN EDELMETALL

Kokoschka

Schlofs Friedrichshof beherbergt einen reichen Schatz an Edelmetall-Geräthen. Sie find mit feinem künftlerifchen Verftändnifs fo zur Aufftellung gebracht, dafs fie mitbeftimmend auf den Gefammteindruck der Räume wirken. Dies ift vor Allem in dem Speifefaal der Fall, deffen eine kürzere Wand von einem Silber-Buffet eingenommen wird in der Art, wie fich ein folches im Ritterfaal des Berliner Schloffes aus dem Beginn des XVIII. Jahrhunderts erhalten hat. Nicht wirkungsvoller und zweckentfprechender können die decorativen Prunkgeräthe des Barock und Rokoko zur Geltung kommen. Die kleineren Erzeugniffe der Goldfchmiede-Werkftatt, deren intimer Reiz nur bei näherer Betrachtung recht gewürdigt werden kann, füllen, ihrem Stilcharakter entfprechend gruppirt und geordnet, neben anderen Werken der Kleinkunft die geräumigen Fächer eines Glasfchrankes in einem der grofsen Zimmer des Erdgefchoffes.

In den Arbeiten aus Edelmetall tritt das Charakteriftifche eines Stiles befonders augenfällig zu Tage; und aus diefem Grunde wird in einer Sammlung, welche, wie die Ihrer Majeftät der Kaiferin, nicht eine beftimmte Kunftepoche umfafst und aus jeder Zeit nur das Eigenartige und Befte vereinigt, diefes Gebiet kein geringes Intereffe beanfpruchen dürfen. Hier ift es befonders fchwierig, eine namhafte Sammlung zufammenzubringen,

4*

denn es haben sich bei der Koftbarkeit des Materials nur fehr wenig ältere Silberarbeiten erhalten. Meist stammen diese Zeugen kunftgewerblicher Tüchtigkeit aus dem Belitz fürftlicher Familien oder aus dem weltlicher und geiftlicher Genoffenschaften, die es sich angelegen fein liefsen, das von den Vätern ererbte Geräth zu bewahren und zu erhalten; waren sie doch weniger wie Privatperfonen dem Wechfel der Glücksgüter ausgefetzt.

Auf dem Bilde des Cornelis de Vos im Antwerpener Mufeum fieht man den Diener der St. Lucas-Gilde, umgeben von den feiner Obhut anvertrauten Zunftpokalen und Bechern; denn Trinkgeräth war es vor Allem, aus dem das Zunftfilber beftand. Eine reiche Mannigfaltigkeit der Form tritt uns hier entgegen. Neben den Deckelpokalen auf hohem Fufs, die bald als Traubenbecher mit Buckeln charakterifirt find, bald reiche Ornamentation auf gerader Wandung aufweifen, hat das Mittelalter und noch mehr die Renaiffance die verfchiedenften anderen, oft wunderliche Formen gefchaffen. Eine ganze Reihe folcher Becher und Pokale befitzt die Sammlung Ihrer Majeftät; fie find meift deutfcher Herkunft. Nürnberg vor allen anderen Städten verforgte im XVI. und noch mehr im XVII. Jahrhundert Deutfchland mit Goldfchmiede-Waaren, und aus Nürnberg ftammen auch die beiden hervorragendften Stücke diefer Art. Der fchöne Pokal, deffen Fufs noch gothifche Formgebung zeigt, während fich in der Decoration des von einem Einhorn bekrönten Deckels fchon ausgebildete Renaiffance geltend macht, ift eine Arbeit des Hanns Beutmüller (Meifter 1588); bei dem gröfseren Pokal, deffen gerade Wandfläche Medaillons und verfchlungenes Bandwerk bedecken, ift der Verfertiger leider nicht bekannt. Gleichfalls aus der Werkftatt eines Nürnberger Goldfchmieds, des Michel Müller († 1654), ftammen zwei kleine filbervergoldete Becher; fie zeigen gravirte Darftellungen der Monate nach Behaim'fchen Stichen. Auch für die Sitte, feltene Naturalien, wie Nautilusmufcheln, Kokosnüffe und Straufseneier, oder auch koftbare Kryftallgläfer in Silber zu faffen, find mehrere Beifpiele vorhanden, welche ebenfo wie ein origineller Brautbecher des Nürnberger Goldfchmids Melchior Bayer († 1577) beweifen, wie vorzüglich es die Kunft der Renaiffance verftand, nicht nur neue Formen zu erfinden, fondern auch die älteren gothifchen umzuwandeln und neu zu beleben.

Von einem folchen Kokosnufsbecher hat fich leider die Metallfaffung nicht erhalten; aber auch fo ift diefe in tiefbrauner Patina glänzende Schale wegen ihrer trefflichen, die Wandung umgebenden Reliefs von hohem künftlerifchen Werth. Sie weifen in der Formbehandlung und im Coftüm auf den Niederrhein und zwar auf die erften Jahrzehnte des XVI. Jahr-

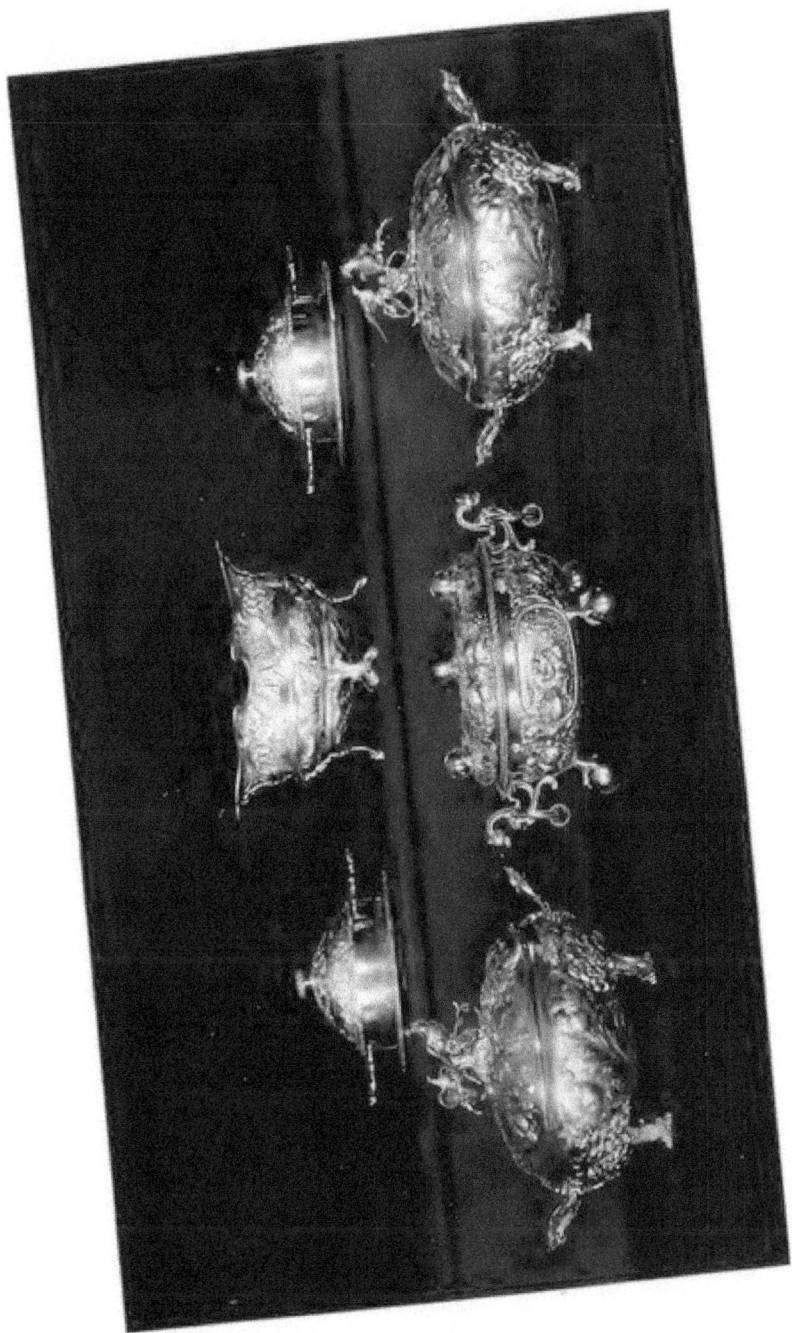

hunderts hin. Die einzelnen Figuren des Hochzeitstanzes, der in diefen Reliefs zur Darftellung kommt, find befonders lebendig componirt. Sie erinnern an die Stiche eines Israel von Meckenem; denn es war eine allgemeine Sitte, den Vorwurf für die Relieffculpturen auf derartigen Kokosnufsbechern, volksthümlichen Kupferftichen, wie in fpäterer Zeit den Blättern der Kleinmeifter, zu entlehnen.

Von den Humpen mit Klappdeckel, flachem Boden und Henkel, welche im XVII. Jahrhundert in Deutfchland fehr beliebt waren, flammt eine gröfsere Anzahl der Sammlung aus Danzig; ein anderer trägt die Marke des Berliner Goldfchmieds Thomas Rehwandt (um 1700). In der Decoration diefer geradwandigen Trinkgeräthe herrfcht eine grofse Mannigfaltigkeit. Während bei einigen, vor Allem den Danziger Humpen, die ganze Fläche von einem figurenreichen, meift wenig gut componirten, Reliefbild eingenommen wird, zeigt das Ornament bei anderen Stücken oft eine gröfsere Reinheit der Formen.

Einen hervorragenden Platz in dem erwähnten prächtigen Aufbau des Speifefaales nimmt eine filbervergoldete Kanne mit zugehöriger grofser Rundfchüffel ein. Beide Stücke gehören zum Beften, was die Augsburger Goldfchmiede-Kunft im Beginn des XVIII. Jahrhunderts hervorgebracht hat. Die äufserft decorativ wirkende Form der Kanne mit einer Maske am Ausgufs und originell gefchwungenem Henkel erinnert an verfchiedene ähnliche Stücke im Grünen Gewölbe zu Dresden und in der früher Rothfchild'fchen Sammlung in Frankfurt a. M. Derartige Gefäfse, welche urfprünglich zum Befpülen der Hände nach beendeter Mahlzeit dienten, wurden auch fchon in damaliger Zeit rein decorativ zum Schmuck der Wände verwandt; fo konnte denfelben auch hier kein befferer Platz angewiefen werden, wie in der Mitte des gefammten Aufbaues. Unter dem anderen Silbergeräth der Barockzeit ift ein Brotkorb in Form einer Mufchel befonders erwähnenswerth. Diefem Gebrauchsgegenftande fchliefst fich eine ganze Reihe von Tafelgeräth aus dem vorigen Jahrhundert an; und jede diefer Terrinen, Schüffeln und Körbe ift ein Meifterftück der Schmiedekunft der Rokoko-Periode oder des Stils Louis' XVI. und bringt das Charakteriftifche derfelben in den verfchiedenen Abarten zur Anfchauung, wie fie von der Zeit und dem Ort der Verfertigung bedingt werden. Die meiften diefer Gegenftände find englifcher Herkunft; fo die fchon im antikifirenden Gefchmack gehaltene Terrine aus der Werkftatt der Londoner Goldfchmiede-Firma Francis Butty and Nicholas Dumée aus dem Jahre 1769. Ein grofser auf Akanthus-Blättern ruhender Pinienapfel fchmückt den Deckel des Gefäſſes, welches den Entwürfen der Germains oder eines Roëttiers nachgebildet zu fein fcheint.

Unter der Fülle von kleineren Arbeiten der Goldfchmiede-Kunſt fällt in den für ſie beſtimmten Fächern eines Glasfchrankes ein ſilbervergoldetes Salzfaſs in's Auge, deſſen reine Renaiſſance-Formen die italieniſche Herkunſt nicht zweifelhaft erſcheinen laſſen. Der zierliche Aufbau mit feinen drei waſſerſpeienden Delphinen, welche einen Putto als Bekrönung tragen, ahmt eine Fontaine nach; man würde bei der Frage nach der Herkunſt dieſer Arbeit auch dann an Oberitalien und feine decorativen kunſtgewerblichen Erzeugniſſe im Cinquecento denken müſſen, wenn nicht der Stadt-Stempel direct auf Mailand als Herſtellungsort wiefe. Ein in der Formgebung ähnliches Salzfaſs beſitzt die Sammlung Drury Fortnum, welches hier, wie fo viele andere hervorragende Goldfchmiede-Arbeiten des XVI. und XVII. Jahrhunderts, als ein Werk des Benvenuto Cellini gilt. Auch in der Collection Spitzer befand ſich ein ſilbervergoldetes Salzfaſs, welches an das im Beſitz Ihrer Majeſtät befindliche erinnert und wohl gleicher Herkunſt iſt, wenn es auch dort als franzöſiſche Arbeit angeſehen wurde.

Diefem befonders gefälligen Stücke ſtehen zwei kleinere, gleichfalls aus Italien ſtammende Kunſtwerke ebenbürtig zur Seite. Der Werth der beiden in Gold gefaſsten Achat-Schalen beruht weniger in der Formgebung des fchwer zu bearbeitenden Steins, wie in der Decoration und meiſterhaften Behandlung des transluciden Emails, welches das Metall bedeckt. Fein ſtiliſirte bunte Blumenranken umziehen die Ränder der Füſse, die Befchlagbänder und den Deckel. Auch das Figürliche iſt mit Emailfarben bemalt. Hier ſitzt auf dem Rande der Mufchel-Schale ein kleiner Neptun; dort trägt eine Chimära den Körper des Gefäſses, während die Deckel-Bekrönung durch einen auf einem Fabelthier reitenden Mohr gebildet wird. Aehnliche Arbeiten, doch felten von gleich harmoniſcher Wirkung, ſinden fich in grofser Anzahl im Palazzo Pitti in Florenz, hier wiederum dem Cellini zugefchrieben, und in den Sammlungen von Wien, Dresden und München. Sie ſtammen wohl meiſt aus Oberitalien, fpeciell aus Mailand, wo ſich in der zweiten Hälfte des XVI. Jahrhunderts Jacopo da Trezzo in der künſtleriſchen Bearbeitung und Faſſung der Halbedelſteine befonders hervorgethan und eine Schule begründet hatte, welche auch Deutfchland und feine kunſtliebenden Fürſtenhöfe mit diefen prächtigen Ziergeräthen reichlich verforgte.

Aus dem Süden Italiens, und zwar aus Neapel, rührt ein zur Aufnahme von Kohlen beſtimmtes kaſſettenähnliches Wärmgefäſs mit durch-

ACHATSCHALE, IN GOLD GEFASST

ARBEIT DES XVI. JAHRHUNDERTS

ACHATSCHALE, IN GOLD GEFASST

ARBEIT DES XVI. JAHRHUNDERTS

brochenem Deckel her, deffen Formgebung die Italien eigenthümliche Behandlung des Rokoko-Stils — es trägt die Jahreszahl 1742 — aufweift. Die überladenen Decorationsformen find ein Beweis dafür, dafs hier das Barock nie überwunden wurde und das leichte und gefällige Rokoko nur fchwer Eingang fand. Diefen Stil fehen wir, freilich dreifsig Jahre fpäter, in viel charakteriftifcherer Weife in einem aus dem Norden ftammenden Räuchergefäfs zum Ausdruck gebracht, welches, eine Arbeit des Riga'er Goldfchmieds Chriftoph Barrowsky, die Infchrift trägt: »Heinrich Strauch, Gerdruta Margaretha Strauch A. 1772 d. 18. 8«. Da am 18. Auguft 1772 das Stadtoberhaupt von Riga Heinrich Strauch feine Hochzeit gefeiert haben foll, fcheint das Räuchergefäfs ein Gefchenk feiner Mutter, welche den Namen Gertrud führte, gewefen zu fein. Aus dem Deckel des originell geformten und mit kraufem Mufchel- und Blumen-Ornament bedeckten Gefäfses wächft ein Rofenftrauch empor, der mithin in finnvoller Weife auf den Namen des Befitzers hinweift.

Der Schmuck, die mit Edelfteinen und mit Email verfehene Arbeit des Goldfchmieds, fpielte im Mittelalter und in der Renaiffance eine weit bedeutendere Rolle als in der Gegenwart, wovon zeitgenöffifche Portraits und Coftümbilder in höherem Mafse als die wenigen jetzt noch erhaltenen Gegenftände felbft eine Anfchauung geben. Auch auf diefem Gebiet vereinigt die Sammlung eine wohl meift aus altem Familienbefitz ftammende Anzahl von charakteriftifchen Stücken.

Die centrale, gefchloffene Bildung des mittelalterlichen Schmuckes kann kaum fchöner zur Geltung kommen, als in einer aus dem Ende des XV. Jahrhunderts ftammenden Pluvial-Schliefse. Der filberne, vortrefflich behandelte Chriftuskopf, welcher an franzöfifche Typen erinnert, bildet auf emaillirtem Grunde die Mitte der Schliefse, deren Rand von einem fpätgothifchen Kranz umgeben wird.

Reicher in der Farbenwirkung, origineller und freier in der Compofition ift das Schmuckftück der Renaiffance. In den Ringen, Ketten, Armbändern und Anhängern, vor Allem in den deutfch »Batzen«, franzöfifch »Enseignes« genannten Stücken, welche in der Form von Medaillons am Hut oder im Haar getragen wurden, entfaltet das XVI. Jahrhundert eine grofse Mannigfaltigkeit. Frankreich nahm auch auf diefem Gebiete die Führerrolle ein, die Folge feiner von einem Centralpunkt ausgehenden, gefchloffenen Gefchmacksrichtung, der vom Hof gepflegten Kunftbeftrebungen. Androult du Cerceau veröffentlicht feine Entwürfe; neben ihm haben der Vläme Hans Collaert und in Deutfchland vor Allem der jüngere Holbein in diefer Richtung durch ihre Vorlagen für Edelmetall-Arbeiten anregend gewirkt. Allein die Form, nicht die zierenden Steine und Perlen, bilden das Charakteriftifche diefer Ornamentftiche und des nach ihnen gefertigten Schmuckftücks der Renaiffance. Die Edelfteine ordnen fich dem ganzen Aufbau unter und dienen nur dazu, denfelben zu verzieren. Ein Beifpiel hierfür bietet der herrliche Anhänger dar, bei dem trotz der verwendeten Steine und Perlen die leichten und graziöfen Formen der Faffung voll zur Geltung kommen. Die Mitte wird von einer mit minutiöfer Feinheit in Email ausgeführten Gruppe eingenommen, die Verfpottung Chrifti darftellend, während drei herabhängende Perlen den unteren Abfchlufs bilden. Kleine emaillirte figürliche Darftellungen, der heiligen Gefchichte oder der Mythologie entlehnt, finden fich auf den Anhängern der Zeit häufig angebracht. Manchmal bilden fie für fich Schmuckftücke, wie der lebendig componirte Heilige Georg, der vielleicht urfprünglich zu der Kette eines St. Georg-Ordens gehörte. Charakteriftifch für jedes Schmuckftück der Renaiffance ift der Umftand, dafs auch die Rückfeite mit gleich grofser Sorgfalt behandelt und fo die Betrachtung von allen Seiten geftattet wurde.

Neben den prächtig gefafsten Cameen bilden die als »Faveurs« auf der Bruft oder auch am Hut getragenen Denkmünzen und Medaillen einen beliebten Schmuck des XVI. und XVII. Jahrhunderts, oft ein Gefchenk oder eine Auszeichnung fürftlicher Perfönlichkeiten. Eine grofse Goldmünze mit dem Portrait der Königin Elifabeth und der Infchrift: »Ditior in toto non alter circulus orbe« ftammt aus dem Jahre 1589, aus einer Zeit, wo die Fürftin nach dem Untergange der fpanifchen Armada auf dem Gipfel ihrer Macht ftand. Während hier die Faffung einfach behandelt ift, weifen zwei Medaillons mit den Köpfen des Erzbifchofs Ferdinand von Cöln und des Herzogs Johann Friedrich von Württemberg — letzteres eine Arbeit des Stuttgarter Meifters Franz Guichard vom Jahre 1613 — eine reichere Compofition des umgebenden Rahmens auf.

Mit dem Beginn des XVII. Jahrhunderts hat eigentlich die künftlerifche Feinheit der Juwelier-Arbeit ihr Ende erreicht. An die Stelle der formvollen Faffung, der discreten Verwendung von Email und bunten Steinen tritt der Diamant, die Koftbarkeit des Materials an die Stelle der Formenfchönheit. Wohl vermag noch der Juwelier des Barock und Rokoko prächtige Stücke zu componiren, aber nie gelingt es ihm, die edle Schönheit des Renaiffance-Schmuckes zu erreichen. Ihm that fich, befonders feit dem XVIII. Jahrhundert, ein anderes Gebiet auf, wo er die gefteigerte technifche Kunftfertigkeit feines Handwerks, die verfchiedenartige Behandlung des

32

ANHÄNGER UND RINGE

ARBEITEN DES XVI. UND XVII. JAHRHUNDERTS

DOSEN DES XVIII. JAHRHUNDERTS

Emails, die Cifelirung des Metalls, die Färbung des letzteren u. a. m. in reichem Mafse verwerthen konnte: die Herftellung von Bijouterie- und Galanterie-Waaren. Von all den kleinen Luxusgegenftänden der Rokoko-Periode ift die Dofe der beliebtefte und verbreitetfte gewefen; die Künftler verflanden es, fie mit allem Schmuck und allen Verzierungen, deren die Juwelierkunft der Zeit fähig war, auszuflatten und zu fchmücken.

Die im Befitz Ihrer Majeftät der Kaiferin befindlichen Dofen geben eine umfaffende Ueberficht von der Mannigfaltigkeit der Formen und der Decoration, von der verfchiedenartigen Behandlung der Metallfaffung. Wohl die erfte Stelle nimmt eine Dofe aus Chryfopras ein, welche mit einem Geflecht von Rocaillen und Blumenguirlanden in Or de couleurs überzogen ift. Die Einfachheit und Reinheit der Formgebung, die harmonifche Farbenwirkung zwifchen dem grünlichen Stein und der matt abgetönten Farbenfcala des Goldbefchlages ift von grofsem Reiz und übertrifft ähnliche Dofen, aus fchlefifchen Achaten gefertigt und reich mit Diamanten befetzt, welche fich im Krontrefor befinden und wahrfcheinlich Berliner Herkunft find.

filbervergoldetes Salzfals
Mailändifche Arbeit des XVI. Jahrhunderts

5

33

MOBILIAR

Holzgefchnitzter Candelaber
italienifch. Anfang des XVi. Jahrhunderts

Wie werthvoll im Einzelnen die Mobiliar-
ftücke im Schlofs Friedrichshof find — hervorragend durch den Adel ihrer Formengebung und
den gefchmackvollen Reichthum ihres Decors,
ihre wahre Bedeutung und künftlerifche Wirkung
erhalten fie doch erft durch die Art und Weife,
wie fie als Ausftattungsftücke in den verfchiedenen Räumen des Schloffes verwendet worden
find. Mit feinem Sinne für die Stilformen, in
denen die ebenerdigen Empfangs- und Prunk-
räume des Schloffes gehalten wurden, find die
einzelnen Möbelftücke und Tapifferien forgfältig
ausgewählt worden. Jede Anhäufung antiquari-
fcher Merkwürdigkeiten, alles Paradiren mit einzelnen Prunkftücken ift vermieden, überall im
Bunde mit der Decoration der Wände, Böden
und Decken eine wohlthuende Harmonie und
künftlerifche Wirkung erzielt worden. Ein Gefchmack in der Auswahl, eine Kunft der Anordnung ift in diefen fürftlichen Räumen entfaltet, die als Vorbild gelten darf. Gewifs hat fich
manch gutes moderne Möbel und Schmuckftück
in die vornehme Formenwelt älterer Kunft ein-
gedrängt, dem Affection oder Koftbarkeit befonderen Werth lieh, auch die Hände glücklicher
Reftaurirer haben altem Glanze aufgeholfen,
dennoch beftimmt der discrete Reiz alter Kunft

34

GOBELIN MIT DEM ENGLISCH-HOLLÄNDISCHEN WAPPEN

ARBEIT VOM ENDE DES XVII. JAHRHUNDERTS

allein die grofse künftlerifche Wirkung der Ausftattung von Schlofs Friedrichshof.

In der grofsen Eingangshalle mit dem Treppenhaus und in den wei-
ten Corridoren des Erdgefchoffes kommt die Monumentalität italienifcher
Formenwelt im Mobiliar zum beftimmenden Ausdruck. Mächtige gewirkte

Ba durchbrochner fpiegelrahmen. Florentinifche Arbeit, um 1550

Wandteppiche, wie das Opfer von Lyftra nach einem Carton des bekannteften unter den vlämifchen Romaniften, des Barend van Orley, dann das
barocke Wappenftück mit dem Wahlfpruch der englifchen Krone, eine
Brüffeler Arbeit, J. COENOT bezeichnet, endlich die Schilderung, wie Paulus
die Viper fortfchleudert, ebenfalls aus Brüffel und G. v. LEEFDAEL bezeichnet
— diefe und ähnliche Decorationsftücke bieten einen vortrefflichen Hintergrund für diefe italienifchen Möbel: edle Florentiner Truhen mit reicher

5*

Schnitzarbeit, schwere Tische und imposante Lehnstühle. Dazu gesellen sich einige kleinere Stücke von bester Schnitzarbeit, so ein vergoldeter Kandelaber, außerordentlich fein in den Verhältnissen seines Aufbaus, eine Arbeit aus den ersten Jahren des Cinquecento, ein köstlicher kleiner Spiegel von der Mitte des XVI. Jahrhunderts aus Nußbaumholz von bronzefarbener Patina, leicht durch Gold belebt, dessen noch vorhandener Schiebdeckel von Francesco Salviati gemalt ist, endlich ein hochgestelzter Buchständer von jener kräftigen barocken Ornamentik. die alle Keime des Rokoko in sich schließt.

Auch einige deutsche Möbel haben hier Aufstellung gefunden, so die gutbäuerliche Hochzeitstruhe der Elisabeth Mulstene, 1610 datirt, und einige

Rokoko-Sessel, Berliner Arbeit

große Schränke, wie der Braunschweiger Schrank mit seinen durchbrochenen Messingfüllungen, zu dem sich im Königlichen Kunstgewerbe-Museum zu Berlin ein Gegenstück findet.

Die Kunst der französischen Möbeltischler des XVIII. Jahrhunderts und ihrer deutschen und englischen Nacheiferer kommt in den kleineren, intimeren Räumen des Schlosses zur Geltung. Zumeist sind diese Zimmer mit hellgetönten Stofftapeten ausgeschlagen und gewähren den Bildern und Sculpturwerken eine ruhig wirkende Folie. In der freien Gruppirung des Mobiliars, das seit den Tagen der Régence allen Bedürfnissen vornehmer Intimität, allen Launen behaglicher und gefälliger Lebenskunst Rechnung zu tragen wußte, zeigt sich eben so sehr der feine persönliche Geschmack der Hohen Frau wie in der Wahl und Vertheilung der Bildwerke.

Die Louis XIV-Möbel freilich mit ihrer fürstlichen Grandezza und architektonischen Ruhe beanspruchen noch eine der Raumarchitektur folgende Disposition. Sie sind nicht im eigentlichen Sinne mobile Möbel gewesen, sie waren meubles d'apparat, und sie verlören viel von ihrer prunkenden Wirkung, wenn geschmackvolle Willkür sie frei nach englischer Art im Zimmer gruppirte. Die Möbel im Stile des alten Boulle sind auch nicht zahlreich im Schloß Friedrichshof, aber ein paar Stützmöbel und Cabinete erinnern doch an die geniale Decorationsweise des premier ébéniste du Roi.

Weitaus die meiften Möbel franzöfifcher Herkunft bewegen fich in der freieren Formenfprache, die das Mobiliar noch zu Lebzeiten des grofsen Königs annahm und an der es fefthielt bis an das Ende des Ancien Régime. Frühe Régence-Möbel, denen das Beftreben, dem architektonifchen Claficismus des XVII. Jahrhunderts zu entrinnen, eine noch etwas herbe Grazie lieh, fehlen in Friedrichshof faft ganz. Um fo mehr können wir uns an dem Phantafiereichthum der Möbeltifchler im Stil Louis XV. erfreuen. Befonderes künftlerifches Intereffe bieten ein fich auf fchmächtigen, à l'arbalète contournirten Beinen auffchwingendes Tifchchen, dann einige Confoltifche und einige fchwere gebauchte Kommoden und Schränke. Ihnen fchliefst fich als bezeichnendes Beifpiel des Potsdamer Rokoko eine derb profilirte, von kräftigem Formgefühl zeugende Garnitur an -- Sopha, Tifch und Fauteuils —, die in dem Zimmer, das den herrlichen Rubens birgt, aufgeftellt ift. An einem fchweren franzöfifchen Bureau desfelben Raumes verdient die originelle Behandlung der Bronzeappliquen an den Füfsen, mit den umgeftülpten Blumenkelchen, befondere Beachtung; Gufs, Cifelirung und Vergoldung find von gleich bemerkenswerther Güte. Scurril faft neben diefen Stücken nehmen fich ein paar anfcheinend füddeutfche Rokokoftühle aus, niedrig und mit unförmig hohen Lehnen, die eine etwas ausfchweifende Rokokolaune eigenfinnig in fchmächtige Leiften mit Mufchelmotiven zerlegt hat.

Individuelles Gepräge zeigt eine grofse Standuhr in der Art Caffieri's; ihr Zifferblatt trägt den Namen des Uhrmachers Danthiau und die verhängnifsvolle Jahreszahl 1789. — Auch für die Rokokokunft bedeutet diefes Datum ein Ende. Und längft fchon waren in der Formenwelt des Rokoko Wandlungen eingeleitet worden, die die Abkehr von dem koketten Ideal des Stils Louis XV. predigen. Seit den vierziger Jahren fchon des XVIII. Jahrhunderts waren diefe Beftrebungen lebendig, und je mehr das Jahrhundert zur Neige ging, defto deutlicher wird der Anfchlufs an claffifche Formideale. Der Name der unglücklichen Marie Antoinette bezeichnet die reizvollfte Phafe des Louis XVI-Stils, die noch naiv mit naturaliftifchem Blumenwerk und leichten Anklängen an antike Formelemente fpielt. Nicht lange währt diefe überaus gefällige Richtung, denn mit dem wachfenden Studium der Antike verfcheucht ein pedantifcher Claficismus die einfach graziöfe Feinfinnigkeit, die im Petit Trianon ihren lauterften Ausdruck fand.

Schlofs Friedrichshof birgt eine ganze Schaar guter Louis XVI-Möbel, Arbeiten im Stile Riefener's und Georges Jacob's, hell marquetirte

Schränkchen und Encoignuren, auch einige zierliche Mahagonimöbel, fo ein hübfches Bonheur du jour in der Art Denizot's.

Der englifche Möbelftil des XVIII. Jahrhunderts ift durch eine beträchtliche Zahl Stühle im Gefchmacke Thomas Chippendale's gut vertreten.

Mit diefen verfchiedenartigen Elementen, zu denen fich noch einige Lackmöbel mit befferen Chinoiferien als Appliquen und auch zierliche moderne Möbel englifcher Abkunft gefellen, find in den Räumen des Schloffes Arrangements von hohem künftlerifchen Reize gefchaffen worden, die den Werth des Einzelnen wohl erkennen laffen und zur wohlthuenden Harmonie des Ganzen vortrefflich ftimmen.

Franzöfifche Cartelfuhr. XVIII. Jahrhundert

38

DIE MINIATURPORTRAITS

ir betreten das unfreundliche, wenn auch glänzende Zimmer eines Gafthofes. Der erfte Impuls, diefen Raum heimifch für uns zu geftalten, wird uns veranlaffen, denfelben mit den photographifchen Bildniffen der uns Naheftehenden auszuftatten. Nicht nur, dafs wir jetzt bekannte Gefichter um uns fehen — dem kleinen Portrait wohnt überhaupt die Eigenthümlichkeit inne. Gemüthlichkeit und Vertraulichkeit um fich zu verbreiten, felbft der einfarbigen, mechanifch hergeftellten Portraitphotographie. Bei dem gemalten, kleinen Bildnifs, der Portraitminiatur, kommt ein doppelter Reiz noch hinzu, der Reiz des Coloriftifchen und der Reiz des Kunftwerks.

In den Wohnräumen des Schloffes zu Kronberg ift die reiche Miniaturenfammlung Ihrer Majeftät der Kaiferin in gefchicktefter Weife benutzt, um an ihrem Theil mitzuwirken, diefen Gemächern in der bezeichneten Weife den Charakter des Perfönlichen zu verleihen. In Rahmen, zumeift kleinen Rokoko-Rahmen vereint, auf gut geftimmtem Grund befeftigt, bieten die Miniaturen von Weitem ein angenehmes Farbenbild und laden uns ein, näher hinzuzutreten und uns in die Einzelbetrachtung zu verfenken.

Entfprechend dem Zwecke des Kunftwerks an jener Stelle ift bei der Gruppirung ausfchliefslich der gute Gefchmack und nicht die gefchichtliche Entwickelung mafsgebend gewefen. In den folgenden Zeilen mufste hiervon jedoch abgewichen werden, wir wollen, von der hiftorifchen Folge geleitet, auf die intereffanteften Stücke der werthvollen Sammlung aufmerkfam zu machen fuchen.

Es find die berühmteften Künftlernamen, mit denen es die Gefchichte der Miniaturportrait-Malerei in ihren Anfängen zu thun hat: denn die Clouet's und Hans Holbein müffen da in erfter Linie genannt werden. Aber trotzdem wäre eine Herleitung aus der Portraitmalerei grofsen Stils verkehrt oder zum mindeften unvollkommen. Die Sitte vieler Jahrhunderte, in Handfchriften Portraits der Befteller anzubringen, eine Sitte, die bis auf die carolingifche Zeit zurückgeht, hat fchliefslich den Gedanken zur Folge gehabt, diefe kleinen Bildniffe aus ihrer Umgebung loszulöfen. Vielleicht einen rein mechanifchen Vorgang mehr oder weniger zufälliger Natur haben wir fo als die Geburtsftunde unferer Kunft anzufehen. Romantifch fchmückt Bouchot in feiner geiftreichen Studie über das Miniaturportrait in Frankreich jenes Ereignifs aus (Gazette des Beaux-Arts 1892/93). Er denkt an den Zug Carl's VIII. nach Italien am Ende des XV. Jahrhunderts, an die Cavaliere des Hofes, die nun auf Jahre von der Gebieterin ihres Herzens getrennt waren, und damals zuerft vielleicht das Amulet, das früher den Krieger begleitete, mit dem Portrait ihrer Herrin vertaufchten.

Wichtiger als diefe Vermuthung find die an eben jener Stelle gelieferten Nachweife, in welchem Range bald nach jenem Kriegszuge im XVI. Jahrhundert das Miniaturportrait am franzöfifchen Hofe ftand, wie die beiden berühmteften Mitglieder der Künftlerfamilie Clouet es nicht unter ihrer Würde halten, auch in diefem kleinen Mafsftabe die Züge ihrer Zeitgenoffen feftzuhalten. Ihre Technik ift die der Handfchriftenmalerei jener Zeit, Gouachemalerei auf Pergament, die den Bildgrund vollkommen deckt. An die vielverheifsenden Anfänge knüpft fich in Frankreich keine dementfprechende Entwickelung. Die nächften anderthalb Jahrhunderte bis zur Mitte des XVIII. Jahrhunderts haben keine Namen von irgend welcher Bedeutung auf diefem Gebiete aufzuweifen. Die Kunft verfank mehr und mehr in das Handwerksmäfsige, die Künftler, Männer dritten oder vierten Ranges, befchränkten fich darauf, die grofsen Gemälde ihrer berühmten und begünftigten Kollegen im Kleinen zu copiren. Nur wenn es fich um Männer oder Frauen in wenig hervorragender focialer Stellung handelte, durften fie hoffen, eine Sitzung für ihren Zweck zu erhalten.

Die wirkliche Heimat des Miniaturportraits ift nicht Frankreich, fondern England. An der Spitze der Entwickelung fteht hier Hans Holbein. Aber trotzdem mufs die betreffende Kunft nicht als aus Deutfchland, fondern aus Holland importirt gelten. Holbein felbft ift in diefer Beziehung nach Carel van Mander's Zeugnifs ein Schüler des Lucas Horembout, eines Sohnes des berühmten Handfchriftenmalers Gerard Horembout, der vermuthlich einer der Verfertiger des »Breviarium Grimani« ift. Eine gleiche künftlerifche Genealogie läfst fich für die nächft Holbein am englifchen Hofe am meiften begünftigte Miniaturmalerin Levina Teerlinck feftftellen. Sie ift eine Enkelin des Alexander Benninck, eines der hervorragendften

40

niederländifchen Handfchriften-Illuminatoren. Jeffen Name neuerdings ebenfalls mit der Entftehung des »Breviarium Grimani« verknüpft worden ift. Eine lange Reihe tüchtiger Künftlernamen ift für die folgenden Zeiten in England zu nennen. Es find nicht Männer, die wie Holbein das Miniaturportrait neben ihrer Hauptkunft betrieben, fondern für die dasfelbe der Mittelpunkt, meiftens ihr ausfchliefsliches Arbeitsfeld war. Aber es find andererfeits wirkliche Künftler, nicht, wie in Frankreich, faft mechanifch arbeitende Copiften. Hier wurden van Dyck, Mignard, Champaigne, Lebrun copirt; einen anderen Ausdruck müffen wir wählen, wenn wir die Arbeitsweife der englifchen Künftler bezeichnen wollen. Nicholas Hilliard (1547—1619), Ifaac Oliver und fein Sohn Peter — der begabtefte diefer Generation — (1556—1647) arbeiteten in der Art Holbein's, John Hoskins bis 1664) und Samuel Cooper 1609—1672 fchloffen fich in ihrer Auffaffungsweife an van Dyck an, während den Künftlern vom Ende des XVII. Jahrhunderts der elegante Sir Peter Lely, der Urheber jener trefflichen und berühmten Portraits der Familie Carl's I. in Windfor, als Vorbild diente. Als ein Charakterifticum für die Auffaffungsweife, die man den Miniaturmalern in England entgegenbrachte, kann die bekannte Erzählung gelten, wie Cooper von Cromwell nur unter der Bedingung Sitzungen erlangte, dafs nachträglich nichts an den rafch hingeworfenen Bildniffen geändert werden durfte.

In technifcher Beziehung hielt man in Frankreich in faft mechanifcher Weife an der einmal angenommenen Methode der Gouachemalerei auf Pergament feft. Die genauen, bis in's Einzelne gehenden Vorfchriften der betreffenden theoretifchen Schriften machen durchaus den Eindruck des Handwerksmäfsigen, während dem freieren künftlerifchen Zuge in England eine gröfsere Variirung auch in technifcher Beziehung entfpricht. Bereits von den Zeiten der Oliver's an tritt häufig an Stelle der Gouachemalerei die Oeltechnik, die auf Kupfer, Schiefer oder Silber in Anwendung kam, eine Methode, die bekanntlich in Holland während des XVII. Jahrhunderts in ausgiebigfter und gefchicktefter Weife angewandt wurde. Uebrigens war der holländifche Hauptmeifter in diefer Hinficht, Kafpar Netfcher, auch eine Zeit lang in England thätig. — Aber auch bei Anwendung von Pergament oder Carton wufste man eine gewiffe Abwechfelung in die Technik zu bringen, fo z. B. durch die gefchickte Benutzung des Bleiftifts »plumbago«). Kupferftecher fcheinen hier die Erfinder gewefen zu fein, wie auch der Stecher David Loggan (1630—1693 der bekanntefte Meifter auf diefem Gebiete ift.

6

Es mufste diefe erfte Periode in der Entwickelung unferer Kunft etwas ausführlicher dargelegt werden, da hier die Entwickelungskeime für die folgenden Zeiten liegen, wenn auch die umfangreiche Sammlung, der diefe Zeilen gewidmet find, ihrem Hauptbeftandtheile nach Arbeiten fpäterer Zeit enthält. Immerhin kann auch für das bereits Dargelegte auf einige treffende Beifpiele hingewiefen werden.

Das Portrait eines älteren Mannes mit langem, weifsem Bart, in pelzverbrämtem, dunkelm Anzuge, eine flache Kappe auf dem Haupt, ftammt noch aus dem XVI. Jahrhundert, es verräth den Einflufs Holbein's (Tafel Nr. 2). Aus dem XVII. Jahrhundert befitzt die Sammlung mehrere Beifpiele derfelben Technik, Gouachefarbe auf Pergament: fo den Kopf einer Nonne in vorgerückteren Jahren in reicher Faffung, trotz des etwas violetten Fleifchtones von guter Ausführung (Tafel Nr. 4). Die etwas bombaftifche Art, die im grofsen Portrait und im Portraitftich um die Wende des XVII. und XVIII. Jahrhunderts üblich war, blieb nicht ohne Einflufs auf das Miniaturbildnifs diefer Zeit. Welch ein Ueberflufs an Draperien ift z. B. bei den Bildniffen Friedrich's I. von Preufsen (Tafel Nr. 7) und feiner Gemahlin in Anwendung gebracht!

Weit reicher ift der Beftand an in Oeltechnik ausgeführten Miniaturen. Ein grofser Theil der hierin hergeftellten Stücke war wohl urfprünglich zur Befeftigung an der Wand beftimmt gewefen. Befonders holländifche Bildniffe in der urfprünglichen, zweifellos diefem Zweck dienenden Umrahmung find keine Seltenheit. Zu diefer Claffe gehören einige Stücke, die in dem grofsen Sammlungsfchrank zur Aufftellung gebracht find. Ein Frauenportrait in der Art des Netfcher ift von befonders guter Ausführung. — Auch das etwa derfelben Zeit entftammende fehr feine Bildnifs eines jungen Mannes — angeblich Friedrich Auguft I. von Sachfen — ift wohl hierher zu rechnen (Tafel Nr. 12).

Aber auch andere Arten der Montirung kommen vor. So ift z. B. das Bildnifs eines Mannes aus den erften Jahrzehnten des XVII. Jahrhunderts mit lang herabfallendem, auf der Stirn gerade abgefchnittenem Haar ebenfo wie fein Wappen in einem fächfifchen Schraubenthaler angebracht (Tafel Nr. 5). Ein anderes männliches Portrait, das über ein halbes Jahrhundert jünger ift, von ganz vorzüglicher Ausführung, ein Mann in Allongeperücke, ift in ein kleines fchwarzes Etui eingelaffen.

Das Metall ift keine günftige Malunterlage für die Oeltechnik. Nur eine fehr gefchickte Hand wird hierüber hinwegführen. Die Haut wird leicht etwas Structurlofes erhalten, für das Colorit ift die Gefahr eines

MINIATUREN

etwas bläulichen Tons vorhanden. An diefem letzteren Uebel laboriren zwei kleine im Uebrigen fehr gut ausgeführte medaillonartig gefafste Bildniffe vom Ende des XVII. Jahrhunderts, die in einer Vitrine des Sammlungszimmers aufbewahrt werden (Tafel Nr. 1).

Im XVIII. Jahrhundert gehören in Oel ausgeführte Miniaturen zu den Seltenheiten. Ein folcher Nachzügler ift das auf unferer Tafel abgebildete Portrait Friedrich Wilhelm's I. von Preufsen, das in feiner einfach derben, foldatifchen Auffaffung mit gebräuntem Geficht und heller Stirn in intereffantem Contraft zu dem oben erwähnten Portrait feines königlichen Vaters fteht (Tafel Nr. 3).

Wir haben eben bereits berührt, wie das Miniaturportrait verfchiedenen Zwecken dienen konnte. Es ift klar, dafs es nicht ohne Einflufs auf die Ausführung war, ob ein derartiges kleines Kunftwerk in der Art der Werke grofsen Stils zur Verwendung gelangen oder ob es verfchloffen in geheimem Medaillon uns eine geliebte oder verehrte Perfönlichkeit vergegenwärtigen oder ob es in fchöner und werthvoller Faffung als Schmuckftück den Augen Aller ausgefetzt werden follte. Im erften Falle wird der Künftler verfuchen, einen grofsen Stil zu erreichen. Den gefchickteften unter ihnen, befonders holländifchen oder englifchen Künftlern, ift dies durch die Art der Auffaffung und durch eine breite technifche Behandlung gelungen. Andere werden zu demfelben Ziele in mehr äufserlicher Art zu gelangen fuchen, wie etwa durch die Draperien in dem Bildnifs Friedrich's I. oder überhaupt durch allerlei Beiwerk oder durch einen landfchaftlichen Hintergrund. Wo dagegen die Miniatur etwa unfere heutige Photographie vertritt, wird in erfter Linie die Aehnlichkeit ftehen, aber es droht hier die Klippe, an der auch die künftlerifche Behandlung unferer Photographie bisher meiftens Schiffbruch gelitten hat, das Streben nach einer gar zu grofsen Wohlgefälligkeit auf Koften des Charakteriftifchen. Was hier ein Fehler ift, ift ein Erfordernifs bei jener dritten Gattung. Denn wo die Miniatur im Schmuckftück zur Anwendung gelangt, offen getragen, etwa als Brofche, am Armband, am Ring, gehört fie bereits in das Gebiet des Kunfthandwerklichen.

Mit diefer Auffaffung müffen wir an das Emailportrait herantreten. Das bedingt hier fchon die Technik. Die Anfänge der Emailminiatur find für uns unzertrennlich von dem Namen Petitot's, wenn es auch nicht er, fondern wohl ein Uhrmacher in Chateaudun mit Namen Jean Toutin war, der die alte Emailtechnik von Limoges verbefferte, indem er, anknüpfend an ältere Verfuche derfelben Art, den fchwarzen Grund durch einen

6*

weifsen erfetzte und fie fo erft dem Zwecke der Miniaturmalerei dien-
lich machte. Auch in der alten Technik vor Toutin ift es oft verfucht
worden, Portraits herzuftellen. Das dabei entftehende coloriftifche Bild
wird uns durch ein kleines Frauenbildnifs aus dem XVI. Jahrhundert im
Befitze Ihrer Majeftät der Kaiferin vergegenwärtigt. Auf dem dunkeln
Grunde find die hellen Töne des Fleifches, des Kragens u. f. w. in bläu-
lichweifser Farbe aufgetragen. Die Modellirung ift in bräunlichen Linien
hergeftellt (Tafel Nr. 8).

Gleichgültig, wer nun der Erfinder der verbefferten Technik war,
zuerft in gröfserem Mafsftabe ift diefelbe für die Emailminiatur angewandt
worden, als der Genfer Petitot 1635 in London in die Dienfte Carl's I.
trat. Der zehnjährige Aufenthalt Petitot's in England, die dann folgenden
vierzig Jahre am Parifer Hofe waren mit unabläffiger Arbeit ausgefüllt.
Unzählige Werke müffen aus feiner Werkftatt hervorgegangen fein, von
denen jedoch eine verhältnifsmäfsig geringe Anzahl den Wechfel der Tage
überdauert hat. So hoch man die Arbeiten des Meifters fchätzen mufs, fo
mufs doch betont werden, dafs es fich bei ihnen nicht um Original-
portraits, fondern faft ausfchliefslich um Copien handelt oder vielmehr
um Ueberfetzungen von Originalen vermittelft einer kunftgewerblichen
Technik. Ein malerifcher Effekt, insbefondere die beim Portrait doch
fraglos wichtige Wiedergabe des individuellen Fleifchtons, kann hier nie
unmittelbar erzielt werden, es kann nur annähernd berechnet werden, wie
die beabfichtigten Farben aus den verfchiedenen Bränden, die die Emailtechnik erfordert, hervorgehen werden. Die Erfahrung mufs hier das
Meifte leiften, ich meine das aus langer Uebung gewonnene Recept; ein
künftlerifches Wollen im Augenblick ift, zum Mindeften was das Colorit be-
trifft, unmöglich. Das einmal für richtig befundene Recept wird der Künftler
immer wieder anwenden, und wir werden ihm das gern nachfehen, was
uns bei wirklichen Portraitkünftlern als eine fchwer verzeihliche Manirirt-
heit erfcheinen würde. In Petitot hat die Emailtechnik von vorn herein
ihren Höhepunkt erreicht. Keiner der folgenden Künftler hat nur annähernd Gleiches geleiftet. Petitot's Männer- und Frauenportraits find im
Fleifchton gut getroffen, die Männer in kräftigem etwas bräunlichem
Colorit, die Frauen in vorwiegend rofigen Tönen. Die Modellirung ift
entfchieden, ohne hart zu fein, der Hintergrund ift gefchmackvoll gewählt, oft bräunlich, blau oder roth. Ich hebe aus der Sammlung in
Schlofs Friedrichshof als charakteriftifche Beifpiele Parifer Emailkunft zur
Zeit Petitot's hervor die drei auf unferer Tafel abgebildeten Miniaturen:

MINIATUREN

ein anmuthiges weibliches Portrait, vielleicht eine Copie nach Mignard, bei der das Carnat etwas zu blafs geworden ift, während andererfeits das blaue Kleid in einem gefchickten Farbencontraft zu dem dunkelrothen Grunde fteht (Tafel Nr. 11), ferner das gemeinfame Portrait Ludwig's XIV. und zweier Damen feines Hofes in gefchmackvoller Montirung (Tafel Nr. 13), endlich das Einzelportrait diefes Fürften (Tafel Nr. 14). Diefes letztere, ein Stück allererften Ranges, fcheint mir, wenn auch eine Bezeichnung fehlt, doch ziemlich ficher die Meifterhand Petitot's zu verrathen. Die Feinheit der Züge, die Färbung von Fleifch und Haar fcheint unübertrefflich. Ein gut gewählter blauer Hintergrund trägt zur Erhöhung der Wirkung bei.

Unter den Nachfolgern Petitot's gehören zu den bekannteften die Brüder Huault, die aus Genf ftammten und fo, wie eine grofse Anzahl hervorragender Emailkünftler, jenes Meifters Landsleute waren, die aber für uns befonderes Interefse haben, weil fie längere Zeit (1686—1700) in Berlin thätig waren. Eine Anzahl bezeichneter Stücke, z. B. im Berliner Mufeum und im Grünen Gewölbe in Dresden, geben uns ficheren Auffchlufs über die Manier der Künftler, für die befonders charakteriftifch der fchwächliche, hellröthliche, mitunter faft rofafarbene männliche Fleifchton ift, der den betreffenden Portraits oft ein unangenehm füfsliches Ausfehen giebt. Auch die oft unnatürliche, z. B. in's Graugrüne fpielende Färbung des Haars, die wenig gefchickte Wahl des Hintergrundes, bei dem Graugrün und Gelbgrün bevorzugt wird, zeigen, wie fehr in Bezug auf Beherrfchung der Technik und in Bezug auf Gefchmack das Brüderpaar hinter Petitot zurückftand. Es ift diefelbe Differenz wie zwifchen dem Bildnifs des Grofsen Kurfürften, das wir auf unferer Tafel bringen (Nr. 24), und dem oben befprochenen Portrait Ludwig's XIV.; denn wie wir diefes dem Petitot zufchreiben zu können glaubten, fo glauben wir in jenem deutlich die bekannten Merkmale der Huault'fchen Werkftätte wieder zu erkennen.

Das ganze XVIII. Jahrhundert hindurch fand das Emailportrait feine Pflege durch mehr oder weniger gefchickte Hände. Aber charakteriftifch dafür, wie wenig diefe Technik im Vordergrund des Interefses ftand, ift es, dafs ein fo in der Kunft feiner Zeit bewanderter Mann wie der franzöfifche Kritiker Chauffard am Ende jener Epoche den tüchtigen Parifer Künftler Thouron als den Erneuerer einer feit langer Zeit eingefchlafenen Technik feiert.

Eine Schule fei hier nur noch erwähnt, deren Sitz Dresden war und deren hervorragendfte Künftler die beiden Brüder Dinglinger und

45

Ismael Mengs waren. Diefe Künftler hatten offenbar das Beftreben, einen nicht nur conventionellen Fleifchton herzuftellen, ein Beftreben, das in Folge der durch die Technik gefteckten Grenzen oft zu einem unbefriedigenden Refultat führen mufste. Gelbliche Töne in den Lichtern, violette Töne in den Schatten berühren uns hier unangenehm, weil eben eine vollkommene coloriftifche Zufammenftimmung fchwer erreichbar ift und andererfeits fchon der glafurartige Glanz des Emails einer naturaliftifcheren Behandlung widerftrebt. Aufser einem Portrait Auguft's III. ftammen aus diefer Dresdener Schule in der Sammlung auf Schlofs Friedrichshof ein Bildnifs Peter's des Grofsen (Tafel Nr. 10) und ein vortrefflicher Kopf eines unbekannten Mannes in grauer Perücke, der mit feinen klug aus dem hageren Geficht hervorblickenden Augen, der fcharfen, etwas gekrümmten Nafe und den feinen, feft gefchloffenen Lippen unfer Intereffe wachruft (Tafel Nr. 9). Die letztere Miniatur zeigt befonders deutlich die oben erwähnten coloriftifchen Eigenthümlichkeiten jener Schule.

Es fei zum Schluffe noch unter den Emailbildniffen der Sammlung auf das des Grafen Bonneval aufmerkfam gemacht, das durch feine vorherrfchend hellen Töne auffällt und uns wie eine Malerei auf Porzellan anmuthet. Der bekannte Abenteurer ift in türkifcher Tracht dargeftellt, das Portrait ift alfo in der letzten Zeit feines Lebens entftanden, als er unter dem Namen Achmed Pafcha im Dienfte des Sultans ftand (1730—1747). Liegt es da nicht nahe, als Künftler jenen Mann anzunehmen, der auf feinen Irrfahrten durch ganz Europa fich auch in den Jahren 1738—1742 in Conftantinopel aufhielt und dort die Grofsen des Reiches portraitirte? Ich meine Liotard, der, aus Genf gebürtig, neben der Paftellmalerei, der er ja hauptfächlich feinen Ruhm verdankt, auch die heimifche Kunft des Emailportraits in gefchicktefter Weife ausübte.

Wir wollen jetzt den Blick zurückwenden zu dem eigentlichen, dem gemalten Miniaturportrait. Eine epochemachende technifche Neuerung war's, als man am Ende des XVII. Jahrhunderts begann, das Pergament oder den Carton als Malunterlage durch das Elfenbein zu erfetzen. Der dadurch gegebene Vortheil, den man allerdings nicht von vorn herein erkannte, beftand darin, dafs für das Carnat in dem Elfenbein felbft mit feinem zarten Korne, mit feiner leicht gelblichen Tönung der befte Grundton gegeben war. Es ergiebt fich daraus von felbft die technifche Aenderung, dafs man nicht mehr wie früher den Malgrund vollftändig zu decken fuchte, fondern ihn vielmehr in den Gefichtern nach Möglichkeit fchonte und die Farben möglichft leicht und durchfichtig aufzutragen fuchte. Es ergiebt fich daraus ferner, dafs man in ausgiebiger Weife neben den Gouachefarben die Aquarellfarben in Anwendung brachte.

Wohl kaum je ift die Production von Miniaturgemälden eine fo umfangreiche gewefen, wie in den zwei erften Dritteln des XVIII. Jahrhunderts; aber die künftlerifche Höhe der Leiftungen ftand in keinem Verhältnifs hierzu. Frankreich, felbft England haben kaum einen wirklich hervorragenden Künftler auf diefem Gebiete aufzuweifen. Die gemalte Miniatur diefer Zeit gehört nicht weniger als die Emailminiatur dem Kunftgewerbe an. Auf eine möglichft peinliche Vollendung, auf ein glattes Ausfehen war vor Allem das Augenmerk diefer Künftler gerichtet, die faft ausfchliefslich mit Punkten und feinen Strichlagen arbeiteten. Auch die Verwendung entfprach diefem kunftgewerblichen Charakter. So wiffen wir z. B. aus den Acten, dafs in Paris der König, die Königin, die Prinzen und Andere zu Neujahr und zu befonderen Gelegenheiten an die hervorragenden Perfönlichkeiten des Hofes eine grofse Zahl von Portraitminiaturen, die von den Juwelieren als Tabatièren, Käftchen, Armbänder, Ringe und Brofchen gefafst waren, verfchenkten.

Diefe fabrikmäfsig hergeftellten Bildniffe, deren glattes Ausfehen durch die koftbare Faffung bedingt war, begegnen uns überall in diefer Zeit. Die unzähligen Portraits Friedrich's des Grofsen gehören zum gröfseren Theile auch in diefe Kategorie. Unter den vielen Exemplaren in der Sammlung von Friedrichshof ift hinzuweifen auf ein Portrait des grofsen Königs in kleinftem Mafsftabe, offenbar für einen Ring beftimmt; ferner auf eines, das für eine Tabatière beftimmt war und von dem unfere Tafel eine Abbildung bringt (Nr. 20). Es fcheint eine Copie eines grofsen Portraits von Antoine Pesne zu fein und kommt, das ift charakteriftifch, in annähernd genauer Uebereinftimmung öfters vor, fo z. B. in der Sammlung des Berliner Mufeums. Eine Reihe anderer Portraits von Prinzen und Prinzeffinnen der preufsifchen Königsfamilie aus derfelben Zeit laffen das Können der Berliner Künftler gegenüber den Leiftungen an den hervorragendften Kunftcentren jener Zeit in keinem ungünftigen Lichte erfcheinen. Die Bildniffe der Gemahlin Friedrich's des Grofsen (Tafel Nr. 17), feiner Schwefter Amalie, feiner Schwägerin Louife von Schwedt, Gemahlin des Prinzen Auguft Ferdinand, find zum Theil ganz vorzügliche Arbeiten. Sie find nicht vereinzelte Erfcheinungen, wie feiner Zeit die Ausftellung von Kunftwerken aus der Zeit Friedrich's des Grofsen in Berlin im Jahre 1892 gezeigt hat.

Wie in den meiften Sammlungen von Miniaturportraits, gehört auch in der von Schlofs Friedrichshof ein grofser Theil der oben befprochenen

Epoche an. Es liefse fich eine nicht unbedeutende Anzahl aufführen. die
innerhalb der von uns bezeichneten Grenzen vortreffliche Leiftungen re-
präfentirt. Da ift. um einige befonders gute herauszugreifen. das Portrait Louis' XV. (Tafel Nr. 26,, das Portrait Stanislaus Lescynski's (Tafel
Nr. 16), da ift ferner in einem Rahmen im grofsen Salon eine Reihe von
Bildniffen fürftlicher Perfönlichkeiten vereinigt, die, wie ihre Form zeigt,
für Tabatièren beftimmt waren. Alle faft bieten ein wohlgefälliges Bild;
aber erfcheinen fie uns nicht wie von einer Hand herrührend? Diefe und
jene coloriftifche Eigenthümlichkeit, wie z. B. die feinen hellgrauen und
hellgrünen Töne. befonders bei einigen Frauenköpfen, entfpringen vielleicht
nicht einmal einer künftlerifchen Abficht, eher dem zufälligen Einflufs des
Sonnenlichts (vergl. Tafel Nr. 6).

Diefe Gleichartigkeit der Manier, diefe Handwerksmäfsigkeit der
Miniatur fand ihr Ende, als in den fechziger Jahren des vorigen Jahrhunderts eine neue Schule auftrat, als deren Begründer in Frankreich der
Schwede Hall (1739—1794) zu gelten hat, deren bedeutendfter Vertreter
in England Richard Cosway, der Reynolds der Miniatur (1740—1821), ift.
Als dritter Name wäre diefen beiden der Füger's hinzuzufügen (1751—1818)
der, etwas jünger als jene beiden andern. vornehmlich in Wien thätig war.
Aufgabe der bisherigen kleinlichen Technik zu Gunften der Wiedergabe
der Individualität in breiter Anlage. dann aber trotzdem auch wieder eine
gefchickte Ineinanberarbeitung und technifche Vollendung entfprechend dem
Wefen diefer Kunftgattung. - fo läfst fich vielleicht kurz die Arbeitsweife
der Künftler in diefer Glanzzeit des Miniaturportraits charakterifiren.

Wohl hat auch die folgende Zeit Namen von gutem Klang auf
diefem Gebiete aufzuweifen. In Frankreich find bis tief in unfer Jahrhundert hinein Ifabey und Auguftin thätig. Diefer, ein fein ausführender
Arbeiter. jener ein Beherrfcher des Effekts, der befonders feine Frauen-
köpfe durch die grofsen Augen, durch gefchickte Drapirung von Schleiern
zu einer gewiffen Wirkung zu bringen wufste. der aber andererfeits feiner
Kunft viel von ihrer Eigenart nahm. indem er in der fpätern Zeit feiner
Thätigkeit das Elfenbein als Malunterlage durch das leichter und fchneller
zu bearbeitende Papier erfetzte. — In England ift man nie der Tradition
von Jahrhunderten untreu geworden, und bis in unfere Zeit hinein waren
und find tüchtige Männer auf unferem Gebiet an der Arbeit. Es mögen nur
zwei von diefen Künftlern genannt werden. die fich auch aufserhalb ihres
Vaterlandes einen Namen verfchafft haben: Sir William Ross (1794—1860)
und Robert Thorburn (1818—1885). Jener ift in der Sammlung auf Schlofs

Friedrichshof durch ein Portrait des Königs Leopold I. von Belgien vertreten, während von des letzteren Kunstweise eine Emailcopie nach einem Miniaturbildnis des Prince Consort in Rüstung einen Begriff giebt. Welche Verbreitung bei uns in Deutschland das Miniaturportrait zum Mindesten im ersten Theil des Jahrhunderts hatte, das zeigt uns der Bestand an diesen kleinen Kunstwerken überall dort, wo die Wohlhabenheit bis in diese Zeit zurückreicht. Aber ein wirklicher Fortschritt über die Leistungen jener Glanzepoche hinaus ist wohl nirgends zu bemerken, dagegen oft genug ein merklicher Verfall, wieder ein Streben nach übermäsiger Glätte, das z. B. den Arbeiten des Berliner Künstlers Unger das Ausehen von Porzellanmalerei oder — um die grose Rivalin und Verdrängerin des Miniaturportraits zu erwähnen — den Effekt von bemalter Photographie verleiht.

An Arbeiten dieses Jahrhunderts ist naturgemäs Schlofs Friedrichshof reich. Es sind zumeist Familienbilder, zum Theil von hohem künstlerischen Werthe, englische und deutsche Arbeiten. Sie sind an den Wänden des Arbeitszimmers Ihrer Majestät der Kaiserin gruppirt und tragen viel dazu bei, diesem kleineren Raume den Charakter des Intimen zu geben. Auser den bereits eben genannten verdient unter diesen Familienportraits vor allen auch eine Hervorhebung eine Copie nach einem Portrait der Königin Victoria mit einem Kranze von Aehren von Winterhalter, das bezeichnend ist für die geschickte Art, in der die Kunst der Miniaturmalerei auch im Zeitalter der Photographie benutzt wurde, um hervorragende Kunstwerke zu vervielfältigen.

Auch jene glänzende Zeit der sechziger und achtziger Jahre des vorigen Jahrhunderts ist durch einige gute Stücke vertreten. So z. B. die französische Kunst durch ein vortreffliches Portrait der Königin Marie Antoinette (Tafel Nr. 15), dessen coloristische Haltung mit der feinen grauen Färbung des Grundes, mit dem etwas bräunlichen Fleischton an Hall erinnert. Von den zahlreichen deutschen Bildnissen sind für unsere Tafeln drei bezeichnende Exemplare ausgewählt worden: das Bildnis der Herzogin Auguste von Saalfeld (Nr. 19), ferner das Portrait des Prinzen Heinrich von Preussen (Nr. 18), das keck hingeworfen ist, uns aber auch zeigt, wie das Aufgeben der alten minutiösen Manier leicht zu einer gewissen Flüchtigkeit verführen konnte; endlich das Portrait der Königin Friederike Louise von Preussen (Nr. 21), eine Leistung allererssten Ranges in seiner lebenswahren Auffassung, in seiner weder zu feinen noch zu flüchtigen wohlgefälligen Ausführung.

7

49

Es ift hier nur das Miniaturportrait befprochen worden und vielleicht in zu ausführlicher Weife im Verhältnifs zu dem Charakter diefer Kunftart. Aber auch fonft ift während der ganzen von uns in Betracht gezogenen Zeit die Miniaturmalerei für das Genrebild, die Landfchaft u. f. w. vielfach angewandt worden, bald zur Wiedergabe berühmter Bilder, bald zur eigenen Compofition, dann aber meift in genauem Anfchlufs an den Stil eines herrfchenden Künftlers auf dem Gebiete der grofsen Kunft. Derartiger kleiner Gemälde aus dem vorigen Jahrhundert befinden fich mehrere in Schlofs Friedrichshof, das eine oder andere dürfte den berühmten Berliner Stecher und Maler Chodowiecki zum Urheber haben. Drei von ihnen, in der Art Watteau's und Lancret's, ihrer Form nach zweifellos für Dofen beftimmt, find auf unferen Tafeln abgebildet (Nr. 22. 23. 25). Diefe kleinen Kunftwerke, fo reizend viele von ihnen fein mögen, ftehen doch an Bedeutung weit hinter den Miniaturbildniffen zurück, deren Betrachtung, möge fie nun dem Werthe des Einzelexemplars gelten oder der hiftorifchen Aneinanderreihung und den daraus fich ergebenden kunft- und kulturhiftorifchen Geffchtspunkten, uns immer neuen Reiz gewährt.

Cardinal Albrecht von Brandenburg
Metallfchnitt

DEUTSCHES STEINGUT, EMAIL, EISEN

ei der Mannigfaltigkeit der Sammlungen im Schlofs Friedrichshof auf faft allen Gebieten kunftgewerblichen Schaf-
fens ift es leicht erklärlich, dafs auch die Kunfttöpferei in
ihren Hauptzweigen würdig vertreten ift. Und namentlich der kleine Speifefaal des Schloffes enthält als hervorragenden Schmuck feiner Wandflächen eine Auswahl der fchönften Erzeugniffe alter Kunfttöpferei.

Neben der Majolica und den Fayencen ift es befonders das Steinzeug, welches während feiner Blüthezeit in feiner künftlerifchen Bedeutung
kaum einem anderen Zweige des Kunftgewerbes nachftand. Da aber das
zu demfelben nöthige Rohmaterial nur in einigen Gegenden Deutfchlands
vorkommt, fo war feine Herftellung an diefe Orte gebunden. Nach neueren
Forfchungen befchränkte fich diefe Fabrikation im Wefentlichen auf die Orte
Siegburg, Raeren bei Eupen, Frechen bei Cöln, weiterhin auf das fogenannte Kannebäckerländchen im Naffauifchen, mit den Hauptorten Höhr
und Grenzhaufen; daneben war noch Kreufen in Franken befonders feit
dem XVII. Jahrhundert eine hervorragende Stätte diefes Töpfereizweiges.
Durch Vermittelung der grofsen Handelsftadt Cöln wurden nun diefe rheinifchen Steinzeugarbeiten in grofsen Mengen nach Flandern, England,
Frankreich u. f. w. verbreitet und galten früher wegen ihrer niederdeutfchen Infchriften als flandrifch (grès de Flandre).

Die Arbeiten von Siegburg nehmen den erften Rang ein. Diefelben
find ausgezeichnet durch ihren feinen weifsen Thon, der ein fcharfes Aus-
prägen der eingefchnittenen und geprefsten Figuren geftattet und welcher
auch nach dem Brande feine Farbe behält. Um die Mitte des XVI. Jahrhunderts war die beliebtefte Form die Pinte, auch Schnelle genannt, ein

7*

schlanker, faft cylindrifcher Henkelkrug, deffen aufgelegte Verzierungen faft immer in drei fenkrechten Streifen angeordnet find. Von diefer Hauptform find in der Sammlung mehrere fehr gute Beifpiele aus der beften Zeit vorhanden. Wir erwähnen eine Siegburger Schnelle mit drei Reliefdarftellungen aus der Gefchichte des Tobias, darunter kleine Schrifttafeln mit niederdeutfchen Infchriften (bez. H.H); eine andere mit Kriegerfiguren in ovalen Kartufchfeldern, umgeben von Blätterranken mit Früchten.

Von befonderer Schönheit find die Schenkkannen und Trinkkrüge von Raeren, welche fich durch einen reich gegliederten und fcharf profilirten Aufbau auszeichnen. Die braune Farbe der Gefäfse ift vorherrfchend, aber auch graue Krüge und Kannen mit Blau verziert kommen an diefem Ort vor. Den Hauptfchmuck der Gefäfse bildeten gewöhnlich aufgelegte Friefe um Bauch und Hals; als Vorlagen für diefelben dienten befonders die Bauerntänze des Hans Sebald Behaim, die Scenen aus dem Soldatenleben und die Triumphzüge des Pencz, die ornamentalen Friefe des Virgil Solis und anderer Kleinmeifter. Raeren ift in der Sammlung ganz befonders gut vertreten, und es mögen die hervorragendften Stücke hier kurze Erwähnung finden: Grofser brauner Krug, mit Bauerntanz, darüber niederdeutfche Infchrift. Unten am Bauch Volutenwerk mit Blättern und bacchantifche Figuren mit Fruchtgehängen, Masken u. f. w. Arbeit von Jan Emmens. 1576. — Ein anderer Krug von ähnlicher Form zeigt am Mittelfries drei Wappen, in der Mitte dasjenige von Cöln von heraldifchen Löwen gehalten. Darüber Sinnfpruch. Unter dem Henkel

ARBEIT DES LÉONARD LIMOSIN

EMAILPLATTE MIT WEIBLICHEM BRUSTBILD

Wappen mit Umfchrift: Van Dutfen Bluot den Prenffen van Orranien. Anno 1590. — Kleinerer brauner Krug mit Bauerntanz 1597; ein ähnlicher mit Landsknechten unter Bogenftellungen.

Von den Krügen aus grauem Steinzeug mit Kobaltblau gemalt, Raerener oder Naffauer Urfprungs, feien folgende erwähnt: Krug mit den Halbfiguren der fieben Kurfürften und deren Wappen; ein ähnlicher mit den kleinen Wappen der Schweizer Kantone.

Die niederrheinifche Töpferei war durch den dreifsigjährigen Krieg in Verfall gerathen, und nur in dem Städtchen Kreufsen in Franken erhielt fich die Herftellung von Steinzeug noch bis etwa 1725 in grofsem Schwunge. Das Material ift ein fehr hartes dunkelbraunes Steinzeug; die Formen find gewöhnlich weite cylindrifche Deckelkrüge und bauchige gefchweifte Kannen. Das Gefchirr ift meift mit bunten Emailfarben verziert, die Ornamente theils eingeprefst, theils in Relief aufgelegt. Häufig find Darftellungen der Kurfürften, der Apoftel, von Jagden in der Art des Virgil Solis u. f. f.

Befonders erwähnenswerth unter der Zahl der hier vorhandenen Kreufsener Krüge find: Krug mit Bärenjagd, Wappenfchild und Trinkfpruch von 1662. Drei Krüge mit Darftellungen der zwölf Apoftel; der eine mit Trinkfpruch von 1655, die anderen beiden von 1661 und 1689.

Die mittelalterliche Technik des Grubenfchmelzes (émail champlevé), welche darin befteht, dafs in die Metallunterlage Vertiefungen für die einzelnen Farbenflächen eingeftochen wurden, zwifchen denen Metallftreifen als Trennung ftehen bleiben, ift in der Sammlung vertreten durch zwei fehr gut erhaltene cylindrifche Hoftienbüchfen, deren Aufsenflächen mit kreisrunden Feldern, darin das Jefuszeichen, in blau und weifsem Email, verziert find.

Gegen Ende des XV. Jahrhunderts ging man, vielleicht angeregt durch glafirte Thonwaaren des Orients, und zwar zuerft in Italien, dazu über, die Metallformen der zu emaillirenden Gegenftände völlig mit einer gemalten Schmelzfchicht zu überdecken. Diefe neue Art erreichte in Limoges ihre höchfte Ausbildung, und wir können mehrere Perioden der Entwickelung dafelbft unterfcheiden.

Aus der erften Periode, welche die Zeit von 1470 bis 1530 umfafst, ftammt eine Emailplatte (in Bronzerahmen) mit Darftellung der Verkündigung. Die Umriffe find mit dunkler Farbe kräftig gezeichnet und mit bunten fchwach durchfcheinenden Schmelzfarben ausgefüllt. Die Lichter find mit Gold aufgefetzt und die Schattirungen durch fchwarze Striche hergeftellt.

In der Blüthezeit, welche von 1530 bis 1580 dauert, wurde vorwiegend die Grifaille-Malerei gepflegt. Die Metallunterlage, meist Kupfer, wurde zunächst mit einer dunklen Schmelzschicht überzogen und auf diefer wurde, je nach der Abfchattirung, eine dünnere oder dickere weifse Emailfchicht aufgetragen.

Dem Anfang diefer Periode mufs eine Emailplatte des Léonard Limofin, eines der Hauptmeifter, zugefchrieben werden, welche ein weibliches Bruftbild darftellt in fchwarzer Tracht auf blauem Grund. Ganz

Deutfches Stengel

befonders bemerkenswerth ift die überaus feine Ausführung des zarten Fleifchtones. Das Stück ift bezeichnet L. L.

Von ausgezeichneter Durchbildung ift eine viereckige Grifaille-Platte mit etwas Blau und Grün, Chriftus am Oelberg darftellend. Diefelbe ift eine Arbeit des fruchtbaren Künftlers Pierre Reymond (bez. P. R. 1543). Ein Gegenftück hierzu von demfelben Künftler ift der Judaskufs und die Gefangennahme Chrifti.

Vortrefflich gezeichnet ift auch die kleine Email-Platte mit dem heiligen Abendmahl; während die Köpfe in feinfter Grifaille-Malerei ausgeführt wurden, find die Gewänder durchweg in bunten Farben.

Von Jehan Limofin find zwei Schälchen vorhanden, in Sechspafsform, deren Randflächen innen mit grünem Blattwerk und bunten Blumen auf weifsem Grund gemalt find. Auf dem fechseckigen Mittelfeld der einen Schale ift die Madonna mit dem Kinde, auf dem Mittelfelde der anderen Schale die Halbfigur eines Schäfers dargeftellt.

Eine gewiffe Gruppe von Emailarbeiten, welche wohl einen gemeinfamen Herftellungsort in Italien hatten, ift unter dem Namen »Venezianifches Email« bekannt; es ift aber nicht nachzuweifen, dafs fie gerade aus Venedig ftammen. Diefe Gefäfse und Geräthe, hauptfächlich Schalen, Kannen und Leuchter, zeigen die edlen Formen der Frührenaiffance, find in Kupfer getrieben und mit blauem, grünem, rothem, fchwarzem und weifsem Email überzogen; die Zeichnung ift gemuftert mit Goldornamenten in Form von kleinen Sternen, Rofetten und dergl. Eine fehr fchöne runde Schale diefer Art trägt in der gewölbten Mitte ein Wappenfchild in Roth und Gold. Die Randfläche mit gefchwungenen Kannelüren, umgeben von feinem goldgemalten Rankenwerk; die farbigen Emailflächen mit Sternchen gemuftert.

Eine kleinere runde Schale hat in der Mitte ein grünes Kreisfeld mit goldgemalter Rofette, umgeben von weifser Borte mit goldenen Ranken; die breite Randfläche ift blau emaillirt mit einem Mufter aus kleinen blauen Kreuzen.

Das weite Feld der Schmiedekunft ift in der Sammlung der Kaiferin, nach vielen Seiten hin, gut vertreten, ganz befonders bemerkenswerth aber find die Eifenarbeiten kleinerer Art, welche fich, wie auch hier, von jeher der befonderen Schätzung der Sammler erfreuten.

Von gröfseren Arbeiten in gefchmiedetem Eifen find zu erwähnen die an der Aufsenfeite des Schloffes befindlichen Laternen zum Theil italienifcher Herkunft, welche an weitausladenden Dreiecksträgern, gefüllt mit kunftvoll durchftecktem Rankenwerk, hängen. — Ferner im kleinen Speifefaal ein Kaminvorfetzer, auf dreifufsartigem niedrigen Geftell; das Gitterwerk ift durch kunftvolle Durchfchiebung des Eifens in geometrifchen Verfchlingungen und durch fchnörkelartige Voluten gebildet, das Ganze in reicher Weife belebt durch weitgefchlitztes fpitziges Akanthusblattwerk in freier Behandlung.

Vor Allem aber verdienen hervorgehoben zu werden die Arbeiten aus gefchnittenem Eifen, einer Technik, welche ungemein mühfam war und viel Gefchicklichkeit erforderte, aber gerade deswegen hauptfächlich gefchätzt wurde, wenn auch die Wirkung der aufgewendeten Mühe felten entfprach. Diefe Kunft blühte befonders in Nürnberg, und Gottfried Leygebe war der berühmtefte Meifter derfelben; von 1668 bis 1683 arbeitete er indeffen in Berlin unter dem Grofsen Kurfürften. In den Königlichen Sammlungen dafelbft, auch in Schlofs Friedrichshof, find noch etliche Werke ihm zuzufchreiben.

Von den hervorragendften Arbeiten in Eifenfchnitt feien hier erwähnt: Zwei Theile einer mufchelförmigen Dofe mit Darftellungen von Ackerbau, Ausfaat und Ernte in reicher Landfchaft; Agraffe mit behelmtem Kopf in freiem Relief, von Rollwerk umgeben.

Von grofser Schönheit ift ein Tafchenbügel in Trapezform von eifengefchnittener Arbeit mit Vergoldung; an den Seiten allegorifche Figuren in ovalen Feldern, unten querovales Feld mit weiblichem Kopf zwifchen liegenden Figuren. In den Ecken Fratzen mit Fruchtbündeln. Arbeit des XVI. Jahrhunderts.

In Eifen getrieben ift ein linealartiger Streifen mit einer Hirfchjagd, zu deren Seiten Rollwerk und Fruchtbündel. Ebenfalls XVI. Jahrhundert.

Die Schlüffel bilden eine kleine, aber auserwählte Sammlung für fich, darunter Stücke erften Ranges; fie gehören meiftens der Renaiffance- und Barockzeit an. Die früheften haben noch gothifirende Form, einen vierkantigen mit Ornament durchbrochenen Griff, und zwifchen diefem und dem Schlüffelbart eine durchbrochen gearbeitete Rofettenfcheibe.

Bei den fpäteren Schlüffeln der Sammlung find die Griffe faft durchweg in Eifen gefchnitten, die Rohre meiftens fein profilirt und von kantigem Querfchnitt, die Reifbefatzung und der fogenannte Mittelbruch der Bärte zierlich mit der Feile ausgearbeitet.

Die Schlüffelgriffe find der Mehrzahl nach in durchbrochener Rofettenform, fowohl aus fchnörkelartigen Voluten, als auch aus durchfchlungenen Blattranken gebildet; andere mit durchbrochenem Namenszug.

Zu den vollendeten Werken der Kleinkunft gehören zwei Schlüffel franzöfifcher Arbeit des XVI. Jahrhunderts, der eine am Griff mit zwei verfchlungenen Chimären mit bärtigen Köpfen, unten mit Bocksmaske und Volutenwerk; der andere Schlüffelgriff mit zwei Chimären, Engelsköpfen und Krone.

Seine Hauptanwendung fand das gefchnittene Eifen für Waffen; befonders für die kleineren Waffentheile wie Degengefäfse. Stichblätter, Parirftangen, Knäufe u. s. w. hat es ganz vorzügliche Leiftungen aufzuweifen, und Künftler allererften Ranges wie Dürer, Holbein, Miehlich, Aldegrever, Burgkmayr lieferten die Entwürfe dazu.

DEGEN DES XVI. UND XVII. JAHRHUNDERTS

Ganz hervorragend fchön ift ein Degenftichblatt mit je drei Bruft-bildern in Relief zu jeder Seite der Angel; aufsen herum ift das Stichblatt fchnurartig eingefafst und mit Fratzen und Adlern befetzt.

Ein wahres Meifterwerk ift das kleine Degengefäfs mit dem Relief-bruftbild eines Feldherrn, von zwei hockenden Männern gehalten; die Parir-ftange mit zwei Sphinxen. Vortrefflich gefchnitten ift auch ein Degenknopf mit Reliefköpfen.

Gothische Schliche, in Silber und Email gearbeitet

ZINNGERÄTHE

Die Zinnkunſt, wenn man die kunſtgewerbliche Ausübung der Zinngieſserei kurz ſo bezeichnen will, iſt eine durch und durch deutſche Kunſt. Weder hat ſie es in anderen Ländern zu einer ähnlichen Entwickelung gebracht, noch auch iſt ſie in gleichem Maſse in den Bedürfniſskreis des bürgerlichen Lebens hereinbezogen worden; in Deutſchland hat ſie zuerſt ihre eigene Richtung eingeſchlagen.

Dazu hat im Weſentlichen die Entdeckung und Ausbeutung der erzgebirgiſchen Zinnerzlager beigetragen, deren gröſste Ergiebigkeit in das XV. und XVI. Jahrhundert fiel.

Vordem hatte das theuere Zinn in der Hauptſache doch nur die Stellung eines dienenden Stoffes, der ſeiner geſunden, d. h. ungiftigen Eigenſchaften wegen hauptſächlich nur im Wirthſchaftsbetriebe reicher Höfe und Klöſter Verwendung fand. Zur Werthſchätzung ſeiner ſchönen Eigenſchaften und zur Hervorhebung derſelben in kunſtvoller Ausführung kam es erſt, nachdem ein wohlhabend gewordenes Bürgerthum ſich ſicher wuſste, dem es in mancher Hinſicht zum Erſatz für die Edelmetalle gelten konnte. Solche Zeit fiel nun mit der Entwickelung des erzgebirgiſchen Zinn-

Weinkännchen. Sächſiſch, um 1560

bergbaues zufammen, deffen rafch fich fteigernde Erträge zu freigebiger Verwendung aufforderten. Naturgemäfs zogen die dem Gewinnungsorte benachbarten Länder Böhmen, Sachfen, Bayern den erften Vortheil davon. In Böhmen waren es die Glockengiefser, welche als bedeutende Zinnconfumenten fchon im XIV. Jahrhundert auch die Reinverarbeitung diefes Metalles fich befonders angelegen fein liefsen. Heut noch finden fich in den Kirchen des Landes Hunderte von oft mächtigen Taufbecken, welche durch Form und Ornamentik den Charakter ihrer Giefsftätte verrathen. Das anftofsende Schlefien bringt uns feine Zinnkunft durch formenreiche, kunftvoll gravirte Zunfthumpen in Erinnerung, von denen namentlich Breslau gute Beifpiele geliefert hat. Am eigenartigften und am reichften aber entwickelte fich der Charakter der Zinngiefserei in der alten Reichsftadt Nürnberg; hier fand das Zinn den feiner Natur angemeffenen Stil.

Die Gothik hatte für die Verzierung des Geräthes das Flachornament bevorzugt. Unfer Metall, welches in erfter Linie immer noch Gebrauchszwecken diente, war damit für die Decorirung der Oberfläche auf Gravirung oder Aetzung angewiefen, eine Verzierungsart, welche eine erft herbeigeholte, nicht aus der Eigenart des Stoffes, eines Gufsmateriales, entfpringende war. Eine folche ift das Relief, welches aber erft in Aufnahme kommen konnte, als mit der Renaiffance die ftrenge Rückfichtnahme auf die Form fich lockerte. Indem die Nürnberger Meifter dasfelbe auf das Zinn übertrugen, machten fie diefes eigentlich erft zum Kunftmaterial, für deffen Bearbeitung fie nun auch mannigfache eigene Verfahren in Anwendung brachten.

So wurden, noch in Anlehnung an die Behandlung des Ornamentes im gothifchen Stile, Gufsformen durch Aetzen in Kehlheimer Stein hergeftellt oder auf befondere Art in Holz gefchnitten, um das Relief flach, wie aus der Oberfläche heraus geätzt zu erlangen. In diefer Weife find um die Mitte des XVI. Jahrhunderts eine grofse Reihe höchft bedeutfamer Arbeiten geliefert worden: grofse Platten, Prunkfchalen, die fich durch reiche, das Mittelfeld und den breiten Rand überziehende figürliche Darftellungen mythologifchen, allegorifchen oder hiftorifchen Inhalts auszeichnen, bisweilen auch von einem der orientalifchen Decorationsweife nachgebildeten Riemenornamente die Fläche bedeckt zeigen. Unter den Zinngiefsern, die in folcher Richtung gefchaffen haben, fteht Nicolaus Horchummer obenan; er ift in der Kaiferlichen Sammlung durch einen kleinen ornamentirten Teller vertreten, der feine Provenienz durch den Stempel ℰ bekundet. Um eine mehr plaftifche Modellirung zu erzielen, wurden die Formen in Metall:

8*

59

Kupfer, Rothgufs oder Eifen gefchnitten, wofür unter den »Eisengrabern« Nürnbergs gute Kräfte genug vorhanden waren. Kafpar Enderlein, ein Zinngiefser, der aber auch im Formenfchneiden geübt war, hat als einzig Genannter den Ruhm, der einer ganzen Klaffe gebührt, eingeheimft. Als Erfatz der gefchnittenen Formen find dann auch plakettenartige Modelle, wie fie für die Goldfchmiede angefertigt wurden, von den Zinngiefsern auf Gefäfsen abgeformt worden.

Auf fo verfchiedene Art find nun bis um die Mitte des XVII. Jahrhunderts unglaubliche Mengen kunftvoller Prunkplatten, Teller, Schalen,

Temperantiaplatte von Franz Briot

Kannen und anderen Geräthes erzeugt und verbreitet worden. In den Gildenhäufern, den Rathsftuben, bei Schützengefellfchaften u. f. w. fammelten fich reiche Beftände davon an, in Bürgerhäufern glänzte dasfelbe von der Kredenz oder, wie in Nürnberg, in der Prunkküche, welche die Frau des Haufes gern ihren Gäften zeigte; bei den Feftfchiefsen bildete es die erften Preife.

Der Einflufs Nürnbergs erftreckte fich natürlich auch auf das auswärtige Handwerk. Wir finden tüchtige Arbeiten aus Württemberg, dem Elfafs, auch aus der Schweiz, Hervorragenderes aus Sachfen. Das zierliche Weinkännchen der Sammlung, deffen Deckel und Leibung überziehende Decoration auf die Zeit um 1560 verweift, ift ein gutes Beifpiel fächfifcher Arbeit, ebenfo der getiefte Teller mit dem churfächfifchen Wappen im Mittelfelde, der allerdings jüngeren Datums ift. Nirgends jedoch hat die Zinnkunft eine Richtung eingefchlagen, die nicht von Nürnberg aus fchon vorgezeichnet gewefen wäre.

Auch aufserhalb Deutfchlands nicht. Selbft das fchönfte aller in Zinn ausgeführten Werke, ja eins der feinften Werke der Renaiffance überhaupt, die fogenannte Temperantiaplatte und Kanne, das wir feinem Stil, feiner

Erfindung und Ausführung nach gern der franzöſiſchen Kunſt zugeſtehen, rühmt wohl die franzöſiſche Medailleurkunſt, hat aber keinen Bezug zur franzöſiſchen Zinngiefserei. Denn dasſelbe iſt von einem deutſchen Fürſten — gewiſſermaſsen aus deutſchem Bedürfnifs heraus —, vom Herzog von Württemberg angeregt worden, der die Form dazu bei dem in der damals noch württembergiſchen Stadt Mömpelgard lebenden Franz Briot beſtellte. Letzterer hat dieſelbe, wie er auch ſonſt noch zu wiederholten Malen für ſeinen Landesherrn Medaillen geſchnitten hat, für diefen ausgeführt und von ihm bezahlt erhalten. Die Abgüſſe aber ſind, wie die auf ihnen vorkommenden Stempel darthun, in verfchiedenen namentlich elfäſſiſchen Werkſtätten gemacht worden. Die erſten davon, ſo auch das hier abgebildete Exemplar, kennzeichnet auf der Rückfeite der Platte das Portraitmedaillon Briot's: »Sculpebat Franciscus Briot« umfchrieben. Die franzöſiſche Zinngiefserei, der Hauptfache nach mehr auf die Befchaffung von Gebrauchsgegenſtänden gerichtet, verleugnet jedoch in diefen nicht den feinen Gefchmack des Landes. Die in der Sammlung befindliche Wochenbettfchüſſel (Breikachel), auf dem Deckel drei Medaillons mit weiblichen Köpfen zwifchen Landfchaften mit Liebesfcenen, läfst erkennen, dafs noch im XVIII. Jahrhundert reizende Dinge derart dafelbſt gearbeitet worden ſind.

Kanne zur Temporauuapiſtie von Franz Briot

Neben der Reliefirung blieben natürlich Aetzung und Gravirung für die Verzierung der Zinngeräthe allezeit in Gebrauch, befonders für folche Gegenſtände, denen damit befondere Beziehung gegeben werden follte. Die ſternförmige Platte von 1649 mit den Darſtellungen eines Büchfenfchützen in zwölf verfchiedenen Tempis iſt ein Schiefspreis, den nach dem Zinnſtempel ein Züricher geſtiftet hat. Befonders bemerkenswerth ihrer Gravirung wegen iſt aber die dreifüfsige Tortenplatte mit der Darſtellung der Gefchichte des Jonas in der Mitte und fechs Medaillons am Rande (Gefchichte des verlorenen Sohnes) zwifchen Füllungen mit Thierbildern in zierlichem Laubwerk (Anfang des XVII. Jahrhunderts).

Aufser diefen decorirten Gegenfländen umfafst die Sammlung noch eine gute Zahl formfchöner Gefäfse, zumeift aus dem XVII. Jahrhundert: Fontainen, Wochenbettfchüffeln, Kühlbecken, Krüge und Kannen verfchiedener Geftalt, darunter eine grofse Zunftkanne der Schmiede von 1690.

Mit dem XVII. Jahrhundert hört zugleich auch die gute Zeit der Zinnkunft auf. Fayencen und Porzellan treten in den Vordergrund und nur das Rokoko giebt dem Zinn noch einmal Gelegenheit, in der Gefäfskunft eine Rolle zu fpielen. In feiner Bildfamkeit wie gefchaffen für die ausfchweifendften Formen, kam es dem auf das Pompöfe gerichteten Gefchmacke ebenfowohl durch den feinen Oberflächenglanz entgegen. Aus diefer Periode haben fich denn auch noch fchöne Zinngefäfse erhalten.

Wo aber find die alten Schätze hin — die grofsen Beftände mit den Arbeiten der guten deutfchen Zinnkunft? — Verfchwunden und fo gut wie nichts ift davon uns überkommen; ja man kann heut zu Tage weit mehr Stücke befter altitalienifcher Majoliken zählen als guten alten Zinnes. Die leichte Umfchmelzbarkeit des werthvollen Materiales hat es verfchuldet, dafs in Zeiten veränderten Gefchmackes dem »heimlichen Zinngiefser«, der mit zwei, drei Löffel- und Tellerformen unbefugt von Hof zu Hofe zog, das ererbte Gut vom Unverftande übergeben wurde. Er hat wie der Tod gemäht!

Engel als Leuchterhalter
Bronze, vergoldet
Niederrheinifche Arbeit um 1500

PORZELLAN

Ein genialer jugendlicher Experimentator flieht aus feiner Heimat, weil er in den gefährlichen Ruf, Gold machen zu können gekommen ift. Er wird von dem luxusliebenden Herrn des Nachbarlandes aufgegriffen und unter dem Vorwand des Schutzes in feftem Gewahrfam gehalten. Er foll feine Kunft zeigen und den Fürften von feinen Schulden befreien. Ein Ausweg mufs erfonnen werden. Gold kann er nicht machen. In bewufstem Suchen findet er die Herftellung des Porzellans, und der Fürft ift vollauf befriedigt.

Pantalone. Figur aus brauner Bürgermaffe, bemalt und glafiert

Unter fo glücklichen Aufpicien hat die europäifche Porzellanfabrikation im Anfang des vorigen Jahrhunderts begonnen, und faft ein Jahrhundert lang ift ihren Producten jene höchfte Werthfchätzung erhalten geblieben, eine Werthfchätzung, die fich aus dem Charakter diefer Zeit fo leicht erklärt, dafs eine Darlegung im Einzelnen unferen Ohren faft banal klingt. Und ebenfo felbftverftändlich ift es, dafs in einem Haufe wie Schlofs Friedrichshof diefem Material fowohl für die Decoration der Räume, als innerhalb der Sammlungen felbft nur eine fehr befcheidene Rolle zugewiefen ift. Nur an einigen Stellen, z. B. im kleinen Speifefaal, ift es beim Schmuck der Wände herangezogen, nur eine kleine Anzahl charakteriftifcher Stücke, aus den Fabriken von Meifsen und Berlin ftammend, vertritt es in den Sammlungen.

Es ift eine alte Gewohnheit, bei der Befprechung des europäifchen Porzellans mit keramifchen Producten zu beginnen, die weder in ihrer äufseren Erfcheinung noch in ihrer Maffe in Wirklichkeit etwas mit dem Porzellan zu thun haben, die vielmehr dem Steingut zuzurechnen find.

63

Ich meine die braune Böttgerwaare. Der Name erklärt diese Gewohnheit und läßt sie berechtigt erscheinen. Es war die erste Etappe auf dem Wege, der Böttger dann zu der Herstellung jener weißen und durchscheinenden Masse führte, die in jeglicher Hinsicht dem ostasiatischen Producte gleichkam.

Von diesen Incunabeln der Meißner Fabrik beherbergt Schloß Friedrichshof ein Stück allererften Ranges, das auf der Berliner Rokoko-Ausstellung im Jahre 1892 das allgemeine Interesse wachrief und sogar zu einer gewissen Polemik den Anlaß bot. Es ist ein braunes, ungewöhnlich großes Gefäß, von einfacher, rundlicher Form. Der Körper ist umwunden von einer höchst naturalistisch gehaltenen, scharf gearbeiteten Weinranke, um den Hals ist ein Kranz von palmettenartigen Blättern gelegt, der Griff des einfachen Deckels ist astartig gestaltet. Schwache Spuren von Vergoldung sind noch in den Blattadern zu erkennen. Wie hoch man im vorigen Jahrhundert dies Gefäß schätzte, zeigt seine etwa aus den vierziger Jahren stammende, reiche und überaus geschmackvolle französische Rokoko-Montirung aus vergoldeter Bronze. Haben wir es hier wirklich mit einem europäischen Product zu thun oder ist es den ostasiatischen Erzeugnissen der gleichen Gattung zuzuzählen? Ein sehr ähnliches kleineres Stück, eine Theekanne, ebenfalls von einer Weinranke umwunden, mit ähnlichem Deckel, mit der gleichen Art der Vergoldung befindet sich im Dresdner Johanneum unter dem angeblichen Nachlasse Böttger's. Ein besserer Anhaltspunkt als dieses schwache historische Document — denn diese Theekanne könnte trotz der Tradition nichteuropäischer Herkunft sein — ist die Ornamentik unseres Stückes selbst, vor Allem der Blättersaum am oberen Rande.

Auch zu figürlichen Darstellungen hat man jene braune Masse in der sächsischen Fabrik benutzt. Ein Beispiel hierfür ist in der Sammlung eine etwa zehn Centimeter hohe Statuette August's des Starken, die mit einer fast metallischen Schärfe der Formen gearbeitet ist. Man hat diese Figur mit der Ueberlieferung zusammengebracht, daß Böttger in seiner letzten Lebenszeit die Modellirung eines Schachspiels begonnen habe.

Intereffanter noch als diefe Figur ift eine zweite, etwas gröfsere. Eine Perfon der italienifchen Komödie — Pantalone nach der Tracht wohl — wird uns hier vorgeführt. Bis auf den glafirten Mantel ift die Figur in naturaliftifcher Weife mit Oelfarbe bemalt. Sie gehört eng zufammen mit einer anderen Figur der gleichen Gattung, aus gleicher Maffe und mit ent- fprechender Bemalung, die mit der Spitzner'fchen Sammlung vor wenigen Jahren in das Dresdner Johanneum gelangte, übertrifft fie aber an Güte um ein Bedeutendes. Trotzdem bleibt auch der reizvollen Statuette in Schlofs Friedrichshof gegenüber der Zweifel beftehen, den von Seidlitz aus- gefprochen hat, ob wir es hier mit einem Producte der Meifsner Fabrik zu thun haben.

Es dauerte eine geraume Zeit, bis für das Porzellan die Formenfprache gefunden war, die dem Wefen des Materials am beften entfprach und in der feine anmuthigften Schöpfungen entftehen follten. Die Rokokoperiode der Meifsner Fabrik liegt zu einer Zeit, in der man in der Heimat des Ro- kokos bereits begann, fich leife von ihm abzuwenden. Betrachten wir z. B. drei grofse Vafen, die in den oberen Räumen von Schlofs Friedrichshof ihre Aufftellung gefunden haben (vergl. die Tafelabbildung des Braun- fchweiger Schrankes). Sie gehören der erften Hälfte des vorigen Jahr- hunderts an. Das Mittelftück ift in Urnenform, die beiden Seitenftücke find in Balufterform. Die einfachen Hauptformen oftafiatifcher Keramik benutzte man fo in der erften Zeit europäifcher Fabrikation. Jene Urne ift mit zwei Henkeln verfehen, die in ihrer Geftaltung und in der Schärfe der Ornamente wie aus Silber getrieben ausfehen. Sie erinnern uns an jene Periode der Meifsner Manufactur, in der man fich, Formen entlehnend, der Silberfchmiedekunft zuwandte, jene Periode, in der in den dreifsiger Jahren das Sulkowski-Service und das Brühl'fche Schwanen-Service als herrlichfte Erzeugniffe entftanden.

Dann um die Mitte des Jahrhunderts hielt das Rokoko feinen Einzug in Meifsen, und nun entftanden alle jene reizvollen Porzellane, in denen von den kleinften Nippes bis zu den fich hoch emporbauenden Tafelauffätzen das graziöfe Material und die capriziöfe Form des Rocaille fich in fchönfter Weife vereinigten.

Und gleicher Natur war die figürliche Plaftik. Noch nicht hatte man vergeffen, welcher Unterfchied trotz einer gewiffen Aehnlichkeit der Er- fcheinung zwifchen dem zerbrechlichen Porzellan und dem viele Jahrhun- derte überdauernden Marmor ift, noch nicht verfuchte man wie in der folgenden Periode auf dem Kothurn ernft genommener antiker Kunft ein-

9

65

herzufchreiten, noch find diefe reizenden Gottheiten ebenfo weit vom antiken Olymp entfernt, wie diefe liebenswürdigen, am liebften im Tanzfchritt einherfchreitenden Damen und Herren von den Mühfalen unferer Erde.

Da fitzt Bacchus, hoch einen Becher fchwingend, auf dem Fafs, umgeben von weinluftigen Putten (vergl. die auf der Tafel abgebildete Gruppe). Es ift eine Gruppe aus der beften Zeit der Manufactur, eines Clodion würdig. In der naturaliftifchen Wiedergabe des nackten Körpers, in deffen Bemalung ift hier gerade bis zur Grenze des dem Material Entfprechenden gegangen. Mit Recht war diese Gruppe beim Publicum überaus beliebt und entftand fo in mehreren Redactionen, einer kleineren aus einem Stücke, einer gröfseren aus verfchiedenen Stücken. Die Art diefer gröfseren Redaction, insbefondere die Bearbeitung der hinteren Seite, läfst es wahrfcheinlich erfcheinen, dafs fie als Theil eines Tafelauffatzes beabfichtigt war. Derartiger Tafelauffätze find uns noch manche erhalten. Von einem der bekannteften ftammen zwei der auf der Tafel abgebildeten Figuren. Der Winter als ein Mann, der fich die Hände wärmt, der Sommer als eine Frau mit Sichel und Aehren. Der ganze Auffatz war fo arrangirt: in der Mitte über einer mit Mufchelwerk verzierten Platte wuchs baumartig der Träger eines Fruchtkorbs empor, während auf der Platte felbft vier kleine vafenförmige für Pfeffer, Salz u. s. w. bestimmte Gefäfse ihren Platz fanden, die von vier, die Jahreszeiten fymbolifirenden Figuren gehalten wurden.

Bis zu der Mitte des Jahrhunderts war Meifsen ohne ftärker in's Gewicht fallende Nebenbuhlerfchaft geblieben, dann aber in den vierziger und befonders in den fünfziger Jahren entftanden in verfchiedenen Orten Deutfchlands Manufacturen, deren Leiftungsfähigkeit mitunter der von Meifsen gleichkam. Die Kriegszeiten brachten es mit fich, dafs in Berlin wenigftens eine Königliche Manufactur erft etwas fpäter — erft nach dem Frieden von Hubertusburg — entftand. Auf unferer Tafel ift, als Pendant zu jener Bacchusgruppe, eine Berliner Gruppe etwa aus den fiebziger Jahren abgebildet: über einem Rokoko-Sockel ift eine anmuthige Nymphe gelagert, neben ihr fitzt ein Putto verkehrt auf einer Ziege. Die Gruppe ift höchft liebenswürdig, aber wir müffen geftehen, fie ift ein Plagiat, die nicht ganz verftändnifsvolle Nachbildung eines Meifsner Modells mit Umkehrung des Puttos. Aber wie man überall bemüht war, aus Meifsen die technifchen und künftlerifchen Kräfte zu erhalten, fo fchreckte man auch nicht davor zurück, fich mitunter allzu genau an die Erzeugniffe der grofsen Lehrmeifterin anzulehnen. Doch die Berliner Manufactur konnte in fchneller Entwickelung bald genug ftolz fein auf das, was fie aus eigener Kraft her-

vorbrachte. Es liegt dies zum grofsen Theil auf einem Gebiete, das wir
aufserhalb unferer Betrachtung laffen mufsten, auf dem Gebiete des male-
rifchen Decors. Aber auch in figürlicher Beziehung befafs fie genügend
gefchickte Modelleure fowohl in den fiebziger und achtziger Jahren — aus
diefer Zeit ftammt die Gruppe der drei Grazien auf unferer Tafel — als
auch in der folgenden Zeit, in der felbft ein Schadow mehrere Modelle
lieferte.